W0051893

Das Buch

Ein sicherer Angestelltenjob, ein Eigenheim auf Pump, ein Leasing-wagen und ein bisschen an der Börse spekulieren: Wer in diesem Hamsterrad strampelt, wird immer nur abgezockt. Kurzweilig, provo-kant und schonungslos erklärt der erfahrene Investmentbanker Gerald Hörhan in *Investment Punk* der trägen bürgerlichen Mittel-schicht, was sie in finanziellen Dingen falsch macht, warum auf diese Art niemand reich wird und wie man das ändern kann. Dieses Buch ist mehr als ein provokanter Augenöffner, es ist auch ein ungewöhnli-cher Ratgeber, denn Hörhan zeigt darin, wie Sie zu den Gewinnern gehören können: Schwimmen Sie im Finanzgeschäft gegen den Strom, und werden Sie ein Investment Punk!

Der Autor

Gerald Hörhan schloss ein Harvard-Studium in angewandter Mathe-matik und Betriebswirtschaft magna cum laude ab, arbeitete für McKinsey & Co und sammelte bei JP Morgan Wallstreet-Erfahrung. Derzeit ist er Eigentümer und Vorstand eines international tätigen Corporate-Finance-Unternehmens.

Gerald Hörhan

INVESTMENT punk

Warum ihr schuftet
und wir reich werden.

Ullstein

Besuchen Sie uns im Internet:
www.ullstein-taschenbuch.de

Ungekürzte Ausgabe im Ullstein Taschenbuch
1. Auflage Mai 2011
7. Auflage 2013
© 2010 edition a, Wien
Konzeption: HildenDesign, München
Umschlaggestaltung: ZERO Werbeagentur, München
Nach einer Vorlage von Rainer Erich Scheichelbauer
Papier: Pamo Super von Arctic Paper Mochenwangen GmbH
Druck und Bindearbeiten: CPI – Clausen & Bosse, Leck
Printed in Germany
ISBN 978-3-548-37384-3

inhalt

Kapitel minus sechs

ihr, die mittelschicht

Am Anfang hieß es Sklavendienst.
Danach nannte man es Frondienst.
Jetzt heißt es Schuldendienst.
Sklavendienst funktionierte mit Ketten.
Frondienst mit Abhängigkeit.
Schuldendienst funktioniert durch
mangelnde ökonomische Bildung.

Ich tue all die Dinge, von denen die meisten von euch nicht einmal zugeben, dass sie von ihnen träumen. Ich wohne an den feinsten Adressen von Frankfurt und Wien, besitze Luxusautos mit insgesamt mehr als tausend PS, esse in den besten Restaurants, tanze in den angesagtesten Clubs und treffe die schönsten Frauen der Welt.

Ich bin 34 Jahre alt und gehöre zu den Leuten, die ihr Finanzjongleure nennt. Finanzen sind ein Klavier, auf

dem ich in allen Tonlagen spielen kann. Ich beschaffe bei
Banken, Fonds und privaten Investoren Finanzierungen
für Unternehmen vom Start-up bis zum Industriekonzern,
wickle Firmenübernahmen ab, berate bei Gründungen
und Restrukturierungen, verwalte Unternehmen und
übernehme Funktionen bei Stiftungen und Fonds- oder
Beteiligungsgesellschaften.

Ich bin als selbständiger Investmentbanker einer von
den Typen, die ihr, die Mittelschicht, gerne gierige Abzocker
schimpft, dekadente, arrogante Arschlöcher und neureiche
Dandys mit loser Hand fürs große Geld. Ich gehöre zu denen, die eurer ziemlich bescheuerten Meinung nach die
Weltwirtschaft ruiniert haben, die ihr zwischendurch gerne
mit klassenkämpferischen Tönen verfolgt und die ihr dafür
hasst, dass sie auch dann fantastisch verdienen, wenn euch
gerade wieder einmal die Folgen einer Wirtschaftskrise auf
die Köpfe fallen.

Meinem Berufsstand wurde die zweifelhafte Ehre zuteil,
eine eurer beliebtesten Projektionsflächen für Neidkomplexe
zu sein. Und weil sich diese Neidkomplexe unter dem
Druck der schrumpfenden Weltwirtschaft zu richtigen
Verschwörungstheorien ausgewachsen haben, würden uns
manche von euch am liebsten richtig fertig machen. Wenn
schon nicht persönlich, so doch zumindest in Form einer
Steuerreform zu unseren Lasten, die sich gewaschen hat. Ihr
merkt gar nicht, was für eine armselige Haltung frustrierter
Verlierer ihr damit eingenommen habt.

Denn wir können nichts dafür, wenn eure Welt immer enger wird. Das Finanzgeschäft ist eine Industrie wie jede andere. Sie schillert nur ein bisschen mehr und genießt deshalb mehr Aufmerksamkeit. Sie ähnelt damit Hollywood oder der Sportindustrie: Es geht um viel Geld und es ist äußerst anstrengend, auf Dauer mitzuhalten.

Manche von uns haben unter den extremen Belastungen, denen sie ausgesetzt sind, extreme Methoden entwickelt, sich zu entspannen. Das sieht für euch wie Dekadenz aus. Aber wir sind nicht dekadent. Zumindest nicht die von uns, die schon lange im Geschäft sind. Denn wer in dieser Branche mithalten will, muss stärker auf seinen Job fokussiert sein, als jeder Arzt, Anwalt oder Architekt. Wer sich nur noch um Luxus, Partys und die Show kümmert, der geht unter, sobald die kleinste Kleinigkeit schiefläuft.

Wenn ihr, die Opfer des herrschenden ökonomischen Systems, uns jetzt aus Frust zu schmähen beginnt, übersehт ihr, dass euer Problem ein ganz anderes, viel grundlegenderes ist. Ihr habt schon in den Zeitungen darüber gelesen, und manchmal plaudert ihr auf euren netten kleinen Partys darüber, aber ihr kapiert nicht, wie sehr es euch direkt und höchstpersönlich betrifft.

Ihr nennt es die Zwei-Drittel-Gesellschaft und diskutiert es in euren bildungsbürgerlichen Zirkeln und Talksendungen wie eines von den Dingen, die in eurer Welt immer nur die anderen etwas angehen. Wie Migration, Rechtsruck, das Sterben des Regenwaldes oder Aids.

Dabei leitet diese Zwei-Drittel-Gesellschaft, die ihr als eine Art Schattenseite der Mittelschicht betrachtet, in Wirklichkeit deren Exodus ein: Wenn ihr bei der ökonomischen Gestaltung eures Lebens so weitermacht wie bisher, werden die meisten von euch in absehbarer Zeit unter die Räder kommen. Hundertprozentig.

Eure persönlichen wirtschaftlichen Konzepte sind schon jetzt überholt und werden in Zukunft immer weniger funktionieren. Das Leben, das ihr jetzt noch führt, wird bald Geschichte sein. Eure Jobs wird es nicht mehr geben, und wenn ihr nichts ändert, wird der Wind – bildlich, aber nicht nur bildlich gesprochen – eines Tages das trockene Laub durch eure verlassenen Häuschen am Stadtrand treiben.

Das globale ökonomische System war niemals für eine große Mittelschicht ausgelegt. In Europa und allen anderen industrialisierten Teilen der Welt wird es bald wieder so sein, wie es in der Geschichte der menschlichen Zivilisation fast immer war und wie es dem Grundprinzip dieses Systems entspricht:

Es wird wenige geben, die viel haben,
und viele, die nichts haben.

Diejenigen von euch, die ängstlich oder verbissen, aus Sturheit oder vermeintlichem Mangel an Alternativen an ihren gewohnten Lebens- und Arbeitsformen festhalten und mit Scheuklappen für die tiefgreifenden laufenden

Veränderungen weitermachen wie bisher, werden in Zukunft zu denen gehören, die nichts haben.

Denn dieses System, für das ihr schuftet und rackert, zockt euch unaufhörlich und planmäßig ab, und ihr wehrt euch nicht dagegen. Ich weiß nicht genau, warum ihr euch nicht wehrt. Lange dachte ich, dass ihr es einfach nicht merkt, weil ihr aus Trägheit, Feigheit oder beidem nie genau nachrechnet.

Die Wahrheit ist: Ihr zahlt die höchsten Steuern aller Gesellschaftsgruppen. Ihr tragt die ganze Last. Ihr gebt eure Zukunft bei der Bank ab, indem ihr euch für Eigenheime auf Pump und fabrikneue Leasingautos mit Raten und Zinsen ausbluten lasst. Visionen, Träume und große Pläne könnt ihr euch dann nicht mehr leisten. Ihr könnt kein Risiko mehr eingehen, ihr könnt nichts mehr wagen und auch nichts mehr gewinnen. Mit dem bisschen, das euch am Monatsende bleibt, wagt ihr euch in Fonds und an die Börsen. Wenn ihr durch Glück und Zufall einmal gewinnt, redet ihr ein paar Jahre lang davon. In Wahrheit werdet ihr als die chronischen Anfänger, die ihr am Finanzmarkt seid, mittelfristig auch dort nur abgezockt.

Das System hat in den vergangenen Jahrzehnten seine Fähigkeit, euch abzuzocken, immer weiter verbessert und verfeinert. Als Folge davon hat sich eure Lebensqualität in den vergangenen Jahren kontinuierlich verschlechtert, und es ist kein Ende dieses Trends in Sicht. Wenn ihr so weitermacht, wird sie immer schlechter und schlechter werden.

Ihr sitzt in der Falle, und ihr könnt zwar entkommen, aber macht euch keine Illusionen: Leicht ist das nur theoretisch und auf dem Papier.

Wenn ihr zu denen gehören wollt, die viel haben, müsst ihr euch von Dingen verabschieden, die euch von Kindheit an selbstverständlich waren und von denen ihr nicht einmal in eurer Sturm-und-Drang-Zeit wusstet, dass man sie auch hinterfragen kann. Ihr werdet euch gegen das System stellen müssen und euch keineswegs immer nur heldenhaft dabei fühlen. Eure eigenen Kollegen und Freunde und wahrscheinlich sogar eure eigenen Familienmitglieder werden euch spüren lassen, dass ihr ausgeschert seid und nicht mehr dazugehört.

Wer reich werden will, muss bereit sein, ein Punk zu sein.

Mit dem System, das euch abzockt, meine ich jenes mächtige, globale und im Prinzip abstrakte ökonomische Konstrukt, das die großen Wirtschaftsblöcke, die Staaten und ihre Institutionen gemeinsam mit den Konzernen bilden und das sich an tausenden Enden gleichzeitig entwickelt wie ein riesiger Krake, der lebt und sich bewegt. Dieses System hatte auch schon, als es viel weniger global und scheinbar noch überschaubarer war, für euch nur eins vorgesehen: das Hamsterrad. Darin müsst ihr – die vielen – unaufhörlich rennen, um den Reichtum der anderen – der wenigen – zu mehren.

Das Hamsterrad hat einen zentralen Zweck: Es dient eurer planmäßigen Ausbeutung. Diese Ausbeutung hatte in jeder Epoche einen anderen Namen. Ganz am Anfang nannte man sie Sklaverei. Später, als die Adeligen die Bauern ausbeuteten, hieß sie Frondienst. Inzwischen haben eure Gläubiger die Rolle des Adels übernommen, ihr die der Bauern, und die Ausbeutung heißt Schuldendienst: Das Leben der meisten von euch ist vom Haus über das Auto bis hin zum Konsum auf Schulden aufgebaut, und ihr müsst im Hamsterrad rennen, um sie zu tilgen. Ein Job, ein Gehalt und dreimal Danke: Danke, Herr Chef, dass ich rennen darf! Danke, dass ich buckeln darf! Danke, dass Sie meinem Leben einen Sinn geben!

In den vergangenen Jahrzehnten konntet ihr es euch in diesem Hamsterrad bequem einrichten. Grund dafür war die Existenz einer breiten Mittelschicht, die ihr als gottgegeben betrachtet habt, die aber in Wirklichkeit von Anfang an ein historisch einmaliges Phänomen mit Ablaufdatum war. Denn genau genommen wart ihr Profiteure des Zweiten Weltkrieges, der die Voraussetzung für das Entstehen dieser Mittelschicht war: Reich wie Arm mussten nach dem Krieg wieder von vorne anfangen. Alles lag in Schutt und Asche, alle hatten gleich wenig, alle stiegen miteinander auf.

Es etablierten sich politische Konzepte, die halb kapitalistisch und halb sozialistisch waren. Bis in die Siebzigerjahre funktionierten sie einwandfrei, weil in einer Phase des Wiederaufbaus praktisch jedes politische System funktioniert. Doch als die Grundbedürfnisse gedeckt waren, stießen diese Konzepte an ihre Grenzen, weil ihre falschen, leistungs-feindlichen Anreizsysteme immer schlechter griffen. Die alten Unterschiede begannen neu zu entstehen, und jede nun folgende Wirtschaftskrise treibt diesen Prozess weiter voran.

Jedes Mal, wenn sich der Staub nach einem Erdbeben in den ökonomischen Strukturen legt, bleibt ihr als große Verlierer übrig. Es war nach 9/11 so, und es wird auch nach dieser Finanzkrise so sein. Die Reichen mehren ihr Vermögen schon wieder – wenn sie es nicht überhaupt auch während der Krise getan haben – und die Banker kassieren schon wieder fette Boni, während ihr noch unabsehbare Zeit mit höheren Bankzinsen, niedrigeren Einkommen, Kurzarbeit und Jobverlust kämpft.

So wird es auch bei allen weiteren Krisen sein, die in immer kürzeren Abständen mit immer dramatischeren Aufwerfungen hereinbrechen werden. Auch sie werden vor allem zu euren Lasten gehen. In Mitteleuropa kommen jetzt geschätzte dreißig Prozent von euch unter die Räder, je nachdem wie weit die Ausläufer der aktuellen Krise in die Zukunft reichen. Damit wird es immer unbequemer in eurem Hamsterrad, und auch mit einer maximalen kollektiven Strampel-Leistung könntet ihr den Lauf der Dinge nicht aufhalten. Trotzdem denkt ihr nicht über Ausbruch und Alternativen nach. Lieber rennt und buckelt ihr noch mehr und schreit noch lauter: Danke, Herr Chef!

Ihr klammert euch aneinander, und gleichzeitig zeigen eure bürgerlichen Werte dabei immer deutlicher ihre negativen Kehrseiten. Eure Eintracht wird zu missgünstiger Abschottung, Intoleranz und Xenophobie. Euer in guten Zeiten nützlicher Wettbewerb untereinander wird zum intriganten Rattenrennen um die Gunst der Oberen, die dadurch ihre Macht weiter ausbauen und sie für noch mehr Kontrolle nutzen.

Das System hat schon immer Vorsorge dafür getroffen, dass ihr nicht aus dem Hamsterrad entkommt. In Zeiten der Sklaverei und des Frondienstes wandte es brachiale Methoden an, Ketten und direkte wirtschaftliche Abhängigkeit. Heute manipuliert es euch vor allem über euer Bedürfnis nach Sicherheit, obwohl es die längst nicht mehr bieten kann.

Gleichzeitig generiert es unaufhörlich neue Verlockungen und treibt euch damit in die Abhängigkeit. Es gaukelt euch vor, dass Schulden normal und sogar vernünftig sind: Lebe jetzt, spare irgendwann. Kaufe sofort, zahle später. Hol dir heute dein tolles Auto und überweise die erste Rate in zwei Jahren. Beim Eigenheim wird euch sogar noch weis gemacht, dass die Schulden, die ihr damit aufbaut, Vermögen darstellen.

Dazu kommt der gesellschaftliche Druck. Überall wird euch dargelegt, was ihr kaufen müsst, um dazuzugehören. Das Dilemma fängt schon in der Schule an, wo ihr ausgegrenzt werdet, wenn ihr die falschen Klamotten tragt. Dort lernt ihr dann auch noch bis zur Erschöpfung obskure Dinge wie Latein oder Darstellende Geometrie statt den richtigen Umgang mit Geld. Wie ihr investieren sollt, sagen euch später die Vermögensberater, die es selbst nicht wissen, weil sie sonst nicht als Vermögensberater arbeiten würden. Das System betreibt systematisch eure Verdummung in ökonomischen Dingen.

Es gibt den Punkt in euren Karrieren, an dem ihr aufhört, selbst darüber nachzudenken, wie ihr gerne leben würdet und was euch wirklich glücklich macht. Eure Ziele beschränken sich von da an darauf, so wie alle anderen zu leben, nur nach Möglichkeit ein bisschen besser. Euer Haus muss möglichst repräsentativ sein. Euer Auto und all der Rest genauso.

> *Ihr werdet darauf programmiert, wirtschaftlich*
> *abhängiger Durchschnitt zu sein, und*
> *besserer Durchschnitt zu werden, kommt*
> *euch schon wie eine Traumkarriere vor.*

Wenn ihr Konsumschulden macht, nützt das dem System in jeder Hinsicht. Es wirkt stabilisierend, wenn möglichst viele von euch gar nicht anders können, als im Hamsterrad zu strampeln. So seid ihr am leichtesten steuerbar. So bleibt ihr willige Arbeitnehmer, bis ihr am Stock geht. Wer ohne Job bankrott ist, kann gar nicht anders als rennen, buckeln und Danke sagen.

Das Verrückteste an dem Ganzen ist die Illusion eines guten, sicheren und sozial integrierten Lebens, der ihr dabei nach wie vor aufsitzt. Ihr merkt nicht, wie viele von euch stolpern und vom Hamsterrad zermalmt werden. Weil ihr nicht hinseht und weil es die Opfer selbst geschickt verschleiern. Sie tun weiterhin so, als wären sie gut drauf.

Die Sicherheiten, die eure Eltern noch genießen konnten – eine ausreichende staatliche Altersvorsorge, ein tragfähiges Gesundheitssystem und eine kostenlose Ausbildung – werden bald endgültig weg sein wie die Joker in der Millionenshow, wenn der Kandidat oft genug nicht weitergewusst hat. Es gibt auch längst keinen Job auf Lebenszeit mehr, und euer nächstes Auto wird vielleicht der letzte Neuwagen eures Lebens sein.

> *Das System lässt euch strampeln, und*
> *wenn es vorbei ist, seid ihr hilflos, weil ihr*
> *außer Strampeln nichts gelernt habt.*

Es gibt ein paar Signale, die selbst in eure Scheinwelt durchdringen. Es kränkt euch ein bisschen, dass ihr als Zielgruppe immer unattraktiver werdet. Nobelläden und Billigshops boomen, Luxusurlaube und Diskonttrips. In der Mitte, in der ihr euch zu Hause fühlt, wird das Angebot immer kleiner. Warum denkt ihr diesen Gedanken nie zu Ende? Warum hofft ihr immer noch auf die Rückkehr der guten alten Zeiten?

Es wird wieder einen Aufschwung geben, hundertprozentig, aber nicht auf die alte Art. Und um bei diesem Aufschwung dabei zu sein, müsst ihr umdenken.

Wer beim nächsten Aufschwung dabei sein
will, muss aus der ökonomischen Routine
der Mittelschicht ausbrechen.

Aber der Ausbruch war noch nie ein Mittelschichtkonzept. Es entspricht viel eher eurem Naturell, bei der großen Herde der Schafe zu bleiben, und wenn die ins Feuer trottet, dann trottet ihr mit und schließt euch ergeben dem großen Geblöke an. In den USA gibt es ein Sprichwort:

Everybody wants to be like the Jones,
but the Jones are going bankrupt.

Die Häme, die darin liegt, geht bei euch ins Leere. Denn selbst wenn ihr mit all den anderen untergeht, findet ihr Trost in der Gewissheit, nicht aus der Rolle gefallen zu sein. Das getan zu haben, was alle tun. Ein guter Hamster gewesen zu sein. Ein braves Schaf.

Ändern kann das große ökonomische System niemand. Es würde sich vielleicht notgedrungen von selbst ändern, wenn eine Krise außer Kontrolle geriete und es kollabieren würde, wie es 2008 fast der Fall gewesen wäre. In der Folge käme es dann zu einer Phase der Anarchie und zur Entstehung eines neuen Systems. Aber selbst dabei würde sich an den Grundprinzipien nichts ändern. Wahrscheinlich würden sich nicht einmal die Akteure ändern, sondern einmal mehr nur die Namen der Dinge.

Auch steuern kann das System niemand. Diese Vorstellung fällt in den Bereich von Verschwörungstheorien. Es ist wie gesagt abstrakt, und es steuert sich im Wesentlichen selbst. Schon große Konzerne, von denen manche die Bilanzsummen kleinerer Staaten erreichen, sind ähnlich großen Öltankern kaum noch lenkbar. Richtungsänderungen sind nur noch in sehr kleinen Einheiten möglich. Manche Multis folgen bereits im Großen und Ganzen ihrer Eigendynamik.

Es gab und gibt einzelne Personen, die Teile des Systems beeinflussen können. Jack Welch steuerte zwanzig Jahre lang das Milliardenunternehmen General Electric. Aber Welchs Nachfolger verwalten nur noch. Selbst der Einfluss des mächtigsten Mannes der Welt auf das System ist begrenzt: Sogar Barack Obama kann nur Akzente setzen und Anreize schaffen. Russland und China mögen zentralistischer organisiert sein, aber auch dort wird die Macht überschätzt, die einzelne Personen entfalten können.

Der Krake ist viel zu komplex, global und damit unübersichtlich geworden, um sich noch von Individuen beeinflussen zu lassen. Mit den kleinen Rädchen macht er, was er will. Er dreht und wendet sie vor und zurück, wie es ihm gerade passt, und wahrscheinlich ist viel Zufall dabei. Doch es gibt Muster, und eines davon heißt:

Je mehr Konsumschulden ihr habt, desto
mehr liefert ihr euch dem System aus.

Statt das zu erkennen und intelligente Konsequenzen daraus zu ziehen, nehmt ihr jetzt ausgerechnet uns Investmentbanker ins Visier. Von denen, die viel haben, stehen wir Finanzleute erstgereiht in eurer Schusslinie. Zwischendurch klingt euer Gejammer dabei fast nach Klassenkampf. Das Wort hätte sogar einen angenehmen Klang für mich. Es klingt nach Leuten, die von unten nach oben wollen. Die ihre eigenen besseren Ideen durchsetzen und zu diesem Zweck an die Hebel der Macht gelangen wollen. Aber wenn es von euch kommt, aus dem Kontext der Mittelschicht, dann ist es nur peinlich. Dann klingt dieses Wort einfach nur naiv. Denn mit eurer Version von Klassenkampf nährt ihr nicht nur wieder bloß das bestehende System, ihr verbaut euch damit gleichzeitig den einzigen ernsthaften Ausweg aus dem Hamsterrad, den ihr habt.

> *Euer Ausweg aus dem Hamsterrad besteht darin, von den vielen, die nichts haben, zu den wenigen aufzusteigen, die viel haben.*

Eure Ideen von Steuern für die Reichen bewirken genau das Gegenteil von dem, was ihr bezweckt. Denn jenen, die schon reich sind, könnt ihr damit nichts nehmen. Erhöht ein Land die Steuern, verlagern sie ihr Vermögen einfach in ein anderes. Nehmen könnt ihr nur jenen etwas, die durch Leistung, Ideen und die richtigen ökonomischen Konzepte versuchen, ein Vermögen aufzubauen. Sie zu behindern heißt in letzter

Konsequenz, das Entstehen einer Feudalherrschaft wie im 18. Jahrhundert zu fördern. Die etablierten Reichen würden sich köstlich über euch amüsieren. Denn in eurem Eifer hättet ihr sie von ihrem einzigen natürlichen Feind befreit: Von allen, die sich nach oben kämpfen und dem alteingesessenen Geldadel mit neuen Ideen, innovativen Geschäftsmodellen und eigenen Clubs Konkurrenz machen. Die bestehende Oberklasse könnte dann umso bequemer die naive Masse lenken. Und die naive Masse, das seid ihr. Auch wenn ihr es nicht glauben wollt, weil ihr euch als Bildungsbürger für etwas Besseres haltet: Die naive Masse, das wart schon immer ihr.

Das Paradoxe dabei ist, dass der Weg für Habenichtse zum Reichtum theoretisch jetzt viel leichter zu beschreiten wäre als je zuvor in der Geschichte der zivilisierten Welt. Ein Sklave konnte niemals ein Herr und ein Bauer nie ein Adeliger werden. Euch dagegen bietet das System großzügige Möglichkeiten, mit harter Arbeit, Geschick, Mut und etwas Glück aufzusteigen. Eröffnet haben euch diese Chancen das Informationszeitalter und die Globalisierung. Geschäftsideen umzusetzen ist zum Beispiel durch die Demokratisierung der Information, der Kommunikation und des Reisens einfacher denn je.

Aber ihr denkt nicht nach. Ihr verwechselt Nachdenken mit Umschauen: Ihr schaut euch um, damit ihr wisst, was die anderen tun, und macht es dann möglichst genau nach. Das wirkliche Nachdenken überlasst ihr anderen.

Ich habe es lange hingenommen, dass ihr mit den Fingern auf solche wie mich zeigt, bloß weil wir unsere Chancen genutzt haben und weiter zu nutzen gedenken. An manchen Tagen habt ihr mir sogar ein bisschen leidgetan in eurem Hamsterfrust. Doch es kam der Tag – oder besser gesagt die Nacht – in der es mir plötzlich reichte. In der ich mich fragte, wie verbohrt man eigentlich sein kann. In der ich beschloss, es euch zu sagen: Vergesst das Hamsterrad. Es gibt eine Alternative, und die ist viel besser als der vielgepriesene Klassenkampf. Lasst euch nicht vom System benutzen, sondern benutzt das System für euch.

Das System zockt euch ab. Schlagt zurück!

Kapitel minus fünf

meine erste lektion

Der Aufstieg von denen, die nichts haben, zu denen, die viel haben, hat etwas mit Rebellion zu tun. Und zwar mit einer intelligenten Form davon.

Normalerweise nahm ich den Bus. Nur an Samstagen, oder wenn ich bei Abfahrten zu Skikursen oder Schulausflügen schon früher da sein musste, brachte mich mein Vater in seinem alten VW-Golf zur Schule. In dem Gymnasium, das ich besuchte, gab es auch Kinder aus besseren Verhältnissen, während mein Vater sein kärgliches Einkommen als Buchhalter verdiente und meine Mutter als Hausfrau zu Hause war. Mein Vater beschwerte sich immer bitterlich, wenn uns die Luxusautos der reichen Eltern den Weg verstellten.

»Diese Protzautos sind in Wahrheit alle gestohlen«, knurrte er dann. »Die Leute kaufen sie mit Geld, das sie ergaunert haben, und melden sie einfach auf ihre Firmen an.«

Ich betrachtete dann immer die parkenden Mercedes', BMWs und Range Rovers. Wenn das so ist, dachte ich, will ich später auch einmal eine eigene Firma und einen teuren Firmenwagen haben, statt einen langweiligen Golf zu fahren und immer nur über die Steuerlast zu meckern. Wenn es den Eltern der reichen Kinder oder deren Vorfahren gelungen war, ein Vermögen zu machen, dann müsste ich das eigentlich auch schaffen, dachte ich.

Also beschloss ich, Informationen darüber zu sammeln, wie man Geld verdient. Ich wollte im Unterricht besonders auf jene Dinge achten, die mir dabei helfen würden. Ich musste allerdings feststellen, dass die Schule nichts taugte, wenn es ums Geldverdienen ging. Ich war darüber einigermaßen verwundert. Immer drehte sich alles ums Geld, die Leute konnten sich Wünsche nicht erfüllen, weil sie zu wenig davon hatten, und dann sagte einem keiner, wie man es verdiente?

Meinen Vater fragte ich erst gar nicht. Es war offensichtlich, dass er nichts darüber wusste. Er glaubte, dass man Geld mit einem Job verdiente. Als Buchhalter zum Beispiel. Was dabei herauskam, hatte ich jeden Tag vor Augen. Ich wusste nur, dass ich alles anders als er und alle unsere Verwandten und Freunde machen musste, wenn ich Geld verdienen wollte, und dass ich dabei wenig Unterstützung finden würde.

Damals begriff ich:

> *Der Aufstieg von denen, die nichts haben, zu denen,*
> *die viel haben, hat etwas mit Rebellion zu tun,*
> *und zwar mit einer intelligenten Form davon.*

Kapitel minus vier

die ökonomischen grundregeln

Man muss auf Dauer mehr einnehmen, als man ausgibt. Und man muss Schulden irgendwann bezahlen, und zwar nicht durch Aufnahme neuer Schulden.

Der wuchtige Kerl hämmerte seine Faust so hart auf den Designertisch, dass der Aschenbecher gut siebzig Zentimeter in die Luft stieg, in einer halben Drehung die Kippen über seinen Zweireiher streute und schließlich mitsamt der ins Wanken geratenen Tischkonstruktion zu Boden krachte. Ich war rechtzeitig einen Schritt zurückgetreten und beobachtete den Mann jetzt dabei, wie er mit knallrotem Kopf sein elegantes Brioni-Sakko säuberte. Es würde allerdings einer chemischen Reinigung bedürfen, um es wieder ganz hinzukriegen. Denn der Mann, Ezra Koischwitz, Chef der Frankfurter Softwareschmiede Softdog, stellte sich nicht besonders geschickt an. Er verschmierte mit seinen schwitzigen Händen die Asche auf dem feinen Karomuster, statt sie vorsichtig abzuklopfen.

Ich vertrat gemeinsam mit einem Kollegen den Investmentfonds Orbrock, der eben die Mehrheit an Softdog übernommen hatte. Die Vorbesitzer hatten Koischwitz als Firmenchef freie Hand gelassen, und mir war von Anfang an klar gewesen, dass er sich wie ein allmächtiger Alleineigentümer fühlte. Er war ein schwieriger Typ, andererseits kannte keiner das Unternehmen besser als er.

Ich quittierte seinen cholerischen Anfall mit gespieltem Erstaunen. Dabei hatte ich ihn provoziert. Ich hatte ihn höflich gebeten, das firmeneigene Wasserbett besichtigen zu dürfen. Jenes Wasserbett, dessen Kaufpreis laut unseren Controllern bei den Firmenausgaben verbucht war. Und von dem natürlich klar war, dass es nicht hier in der Firma stand, sondern in Koischwitz' schmucker Privatvilla.

Ich hatte bei meiner Anfrage die Form gewahrt, mich aber nicht um besondere Freundlichkeit bemüht. Ich konzentriere mich selten auf meine Sympathiewerte. Das hieße, in meine Schwächen zu investieren. Ich fordere zu viel und rechne zu genau, um als nett und sympathisch durchzugehen. Ich baue mir lieber den Ruf auf, korrekt, ehrlich und zuverlässig zu sein und Handschlagqualität zu haben. Wer auf Sympathie setzt, will es meistens allen recht machen, und am Ende ist er ein Hampelmann.

»Wir brauchen hier keinen Klugscheißer mit Harvard-Abschluss«, zischte Koischwitz, während er entdeckte, dass auch seine Krawatte versaut war. »Wenn Sie glauben, dass Sie auf unsere Kosten irgendwelche Boni herausschlagen können, haben Sie sich geschnitten. Gehen Sie zurück an die Wallstreet und lecken Sie dort das Blut von den Straßen auf.«

Ich habe damit zu leben gelernt, dass Menschen, die ich in Bedrängnis bringe – und das gehört nun einmal auch zu meinem Job – ekelhaft werden. Ich werde, egal in welchem Zusammenhang, auch gerne daran erinnert, dass ich in Harvard studiert und an der Wallstreet gearbeitet habe. Dass mir mein Ruf vorauseilt, stärkt normalerweise meine Verhandlungsposition. Tatsache aber war, dass der Orbrock-Fonds nicht zufällig ausgerechnet mich auf Softdog angesetzt hatte, nachdem er die Firma in wirtschaftlicher Schieflage übernommen hatte. Ich bin Spezialist für Fälle, in denen Unternehmen eine der beiden ökonomischen Grundregeln missachtet haben, und es sah sehr danach aus, als wäre dies bei Softdog der Fall gewesen. Ich vermutete sogar, dass Koischwitz und seine Leute diese Regeln gar nicht kannten. Deshalb hatte ich eine Rundmail an die gesamte Mannschaft geschickt, in der stand:

DIE ÖKONOMISCHEN GRUNDREGELN

Die ökonomischen Grundregeln haben drei
Dinge gemeinsam:

1. Sie sind leicht zu verstehen.
2. Sie sind leicht einzuhalten.
3. Sie werden ständig gebrochen.

Grundregel eins lautet:
Man muss auf Dauer mehr einnehmen,
als man ausgibt.

Grundregel zwei lautet:
Man muss Schulden bezahlen, und zwar nicht
durch Aufnahme neuer Schulden.

Klar, dass mich die Softdog-Mitarbeiter, allen voran
Koischwitz, an den die Mail vor allem adressiert gewesen
war, seither auch noch überheblich fanden.

Meine nähere Einsicht in die Firmenunterlagen hatte
meinen Verdacht aber bestätigt. Koischwitz hatte die ökonomischen Grundregeln sowohl als Firmenchef als auch privat
gebrochen. Denn diese Regeln gelten für Firmenbilanzen genauso wie für die Haushaltsrechnung: Man muss auf Dauer
mehr einnehmen, als man ausgibt. Man muss Schulden bezahlen, und zwar nicht durch Aufnahme neuer Schulden. Im

Fall von privaten Schulden gilt es, eine Unterscheidung zu treffen. Es gibt:

1. intelligente Investmentschulden (ein Kredit für eine Wohnung, den ein Mieter abzahlt)

2. dumme Konsumschulden (ein kredit- oder leasingfinanziertes Auto oder Möbel auf Pump)

Je mehr Softdog in den guten Zeiten verdient hatte, desto höher hatte Koischwitz die Firma verschuldet. Genauso hatte er es privat gehalten. Mit wachsenden Einnahmen aus seiner Fixgage und den Gewinnbeteiligungen hatte er sich zum Beispiel immer höhere Autoleasingraten aufgehalst und auf Kredit seine palastähnliche Villa ausgebaut. Irgendwann war das System zwangsläufig an seine Grenzen gestoßen. Unter dem daraus resultierenden Druck hatte er sich die Gaunerei geleistet, das Wasserbett einfach von der Firma bezahlen zu lassen.

»Schauen Sie zum Fenster hinaus«, sagte ich ruhig zu ihm. »Was sehen Sie?«

Er zögerte, folgte dann aber meiner Bitte. Ich bemerkte, dass sein Blick auf meinen schwarzen Audi RS 6 plus fiel, der direkt vor der Firmenzentrale in zweiter Spur hielt. Autokenner sahen dem Wagen zum Beispiel an den silbernen Rückspiegeln an, dass er kein normaler Familienkombi war, sondern ein Sportgerät mit vierhundertachtzig PS.

»Ich meine nicht den Audi«, sagte ich. »Schauen Sie dahinter.«

Dort parkte der Laster einer örtlichen Spedition. Der Fahrer stand rauchend in der offenen Tür und glotzte gerade einer jungen Mutter nach.

»Wir fahren jetzt im Konvoi zu Ihrer Villa«, sagte ich. »Dort verladen wir das Wasserbett. Die Transportspesen, meinen Zeitaufwand und die Differenz zwischen Neupreis und Verkaufspreis des Bettes verrechnen wir Ihnen. Dazu kommt eine Abwicklungspauschale. Damit wäre die Sache vom Tisch.«

Nach einer kurzen Pause fügte ich hinzu: »Ich hoffe, dass Sie damit einverstanden sind.«

Seine Wut war bereits verpufft, jetzt folgte der Hass. Mit schmalen Augen funkelte er mich an, doch offenbar dämmerte ihm, dass er keine Chance hatte.

»Sie dürfen in Zukunft nicht mehr stehlen«, sagte ich kalt. »Wenn Sie noch einmal stehlen, wird Sie der Fonds als Geschäftsführer absetzen.«

Kapitel minus drei

das leben der reichen

Wer unter ungewöhnlich hohem Druck arbeitet, braucht auch ungewöhnliche Formen der Entspannung.

Koischwitz fuhr voraus, in einem silbernen Honda, dessen Schlüssel er sich aus dem Sekretariat geholt hatte. Ich fuhr hinter ihm her und am Schluss folgte der Laster. So quälten wir uns durch die Hanauer Landstraße, an deren östlichem Ende die Firmenzentrale lag. Koischwitz fuhr so, wie er auftrat: aggressiv und dabei etwas unbeholfen. Ich glaubte mich daran zu erinnern, dass er mir einmal von einem M 6 Cabrio erzählt hatte. Der Honda sah jedenfalls aus, als hätte er ihn von einer Sekretärin geliehen. Telefonisch beauftragte ich

Paul, meinen Assistenten, mit einer Recherche. Er sollte herausfinden, auf wen Koischwitz' M 6 angemeldet war.

Danach wurde mir langweilig. Ich scherte aus dem Konvoi aus, um zurück in die Stadt zu fahren. Alles war besprochen, und ich hatte jede Menge anderer Dinge zu tun. Unter anderem musste ich mich auf meinen nächsten Unikurs vorbereiten. Ich coachte Studenten am Institut für Entrepreneurship der Wiener Wirtschaftsuniversität beim Verfassen von Businessplänen. Ich suchte für den nächsten Kurs ein Beispiel aus meiner Berufspraxis und dachte an ein Busunternehmen aus einer Kleinstadt bei Köln, bei dem ich einen Teileinstieg plante.

Noch im Auto rief mich Dorota an. Sie war eine außerordentlich gut aussehende Slowakin, brünett, sehr lange Beine, genau mein Typ. Ich hatte sie bei einer Party in einem Penthaus in der New Yorker Park Avenue kennengelernt. Die Party hatte ein Freund von mir gegeben, dessen Vater als Coca-Cola-Distributeur in Beirut schwer reich geworden war. Dorota war hinterher noch zu einem Rave mitgekommen. Wir hatten uns über die vielen Gäste amüsiert, die ständig ihre Wasserflaschen geschüttelt hatten. Wir hatten unsere auch geschüttelt, obwohl ihr Inhalt im Gegensatz zu jenem der anderen nicht mit illuminierenden Substanzen versetzt war.

Ich wusste nach wie vor nicht genau, was Dorota machte. Sie lebte in Wien, und anscheinend studierte sie, vielleicht aber auch nur nebenbei. Wir hatten uns zweimal getroffen und ein bisschen Spaß gehabt. Ich wollte sehen, was sich weiter entwickeln würde, und hatte sie deshalb für kommenden Freitag zu einem Galadiner in London eingeladen. Ein Kommilitone aus Harvard feierte einen lukrativen Deal, der ihm trotz der wirtschaftlich schwierigen Zeiten gelungen war. Das Dinner war auch der Grund ihres Anrufes.

»Ich habe kein passendes Kleid für so einen Anlass«, sagte sie. »Was trägt man da? Louis Vuitton?«

Ich konnte mich nicht genau an den Rahmen des Abendessens erinnern. Ich wusste nur, dass es in einem dieser Clubs steigen würde, bei denen man trotz fünfzigtausend Pfund Jahresbeitrag nur auf Empfehlung Mitglied werden konnte. Aber es war trotzdem nur ein ganz normales Galadinner, und große Prassereien waren ohnehin gerade nicht in. Statt Wein für tausend Euro die Flasche kam jetzt welcher für hundertfünfzig auf den Tisch, und in Wirklichkeit merkte niemand den Unterschied. Die Köche wurden nicht mehr samt Lebensmitteln im Privatjet eingeflogen, sondern vor Ort engagiert. Es wurde noch immer gefeiert, es gab noch immer Exzesse, aber man dachte dabei nach.

Es war nicht nur bei Partys so. Früher hatte es zum Beispiel für manche Menschen einfach nicht die Option gegeben, im Zug zu fahren. Sie mussten immer die Präsidentensuite haben, auch wenn sie nur ein paar Stunden hatten, um sich hinzulegen. Sie mussten immer im Privatjet reisen, auch dann, wenn es neben höheren Kosten auch mehr Zeit und Mühe bedeutete. Ich hatte mit Geschäftsleuten einmal in Innsbruck einen Termin bezüglich einer möglichen Firmenübernahme. Am nächsten Morgen musste einer von ihnen nach Zürich. Er fragte mich, wie er am besten dorthin kommen würde. Ich schlug ihm den Zug vor, der ihn für etwa achtzig Euro erste Klasse in weniger als vier Stunden in die Zürcher Bahnhofsstrasse bringen würde. Er sah mich entgeistert an und fragte mich, wie ich auf die Idee kommen würde, dass er mit einem Zug fahren würde. Ich beauftragte meinen Assistenten, einen Flug zu buchen. Da es keine Linienverbindung von Innsbruck nach Zürich gab, mussten wir ein Privatflugzeug organisieren, Kostenpunkt etwa viertausend Euro. Allerdings lag in Innsbruck wie so oft der Nebel, und das Flugzeug konnte nicht starten. Um zwölf Uhr rief er mich verzweifelt an. Er saß noch immer in dem kleinen Privatflugzeug.

»Du brauchst dir wegen des Kleides keine Sorgen zu machen«, sagte ich zu Dorota.

»Wir könnten miteinander eins kaufen gehen«, schlug sie vor.

Ich kannte Dorota noch kaum, und wenn schon, dann machte ich eher kreative Präsente. Vor Kurzem hatte ich Donja, einer Freundin, die auf Motorräder steht, einen Gutschein für eine Quad-Tour zu zweit geschenkt.

Ich sah auf die Uhr. Meine Maschine von Frankfurt nach Wien ging in drei Stunden. Die Daten für den London-Flug hatte ich noch gar nicht bekommen, vielleicht hatte ich sie auch bei den E-Mails übersehen.

»Ich weiß noch gar nicht, ob ich fliegen kann«, sagte ich zu Dorota.

Im Taxi kam ich vor dem Londoner Club an. Solo, nachdem ich mich bei Dorota nicht mehr gemeldet hatte, und das war eine gute Entscheidung gewesen. Ich hatte den Trip mit ein paar interessant verlaufenen Geschäftsterminen verbunden.

In der Bar des Grosvenor Hotels an der Park Lane in Mayfair hatte ich mich mit einigen anderen Investmentbankern getroffen. Es ging um Firmenkäufe für einen Fonds, der über einen Londoner Broker lief. Am Nachmittag hatte ich das sonnige Wetter zu einem Spaziergang genützt, bei dem ich mir einige Immobilien angesehen hatte.

Dabei hatte mich eine SMS meines Assistenten Paul erreicht: »Der M6 von Koischwitz ist auf Dog-Direkt angemeldet.«

Die Firma war eine Vertriebstochter von Softdog. Ziemlich klarer Fall also.

»Vorläufig nichts tun«, hatte ich zurückgeschrieben. »Ich kümmere mich darum.«

Vor dem Club stiegen ziemlich viele der geladenen Herren ebenfalls allein aus den Fonds ihrer Limousinen. Das hatte einen einfachen Grund: Bei näherer Betrachtung der in Gold und Schwarz gehaltenen Einladung stellte ich fest, dass sich der Gastgeber eine Besonderheit für den Abend ausgedacht hatte. Das Ganze trug den verheißungsvollen Namen »Sélection Arabique«, und nachdem der Rebenanbau in arabischen Ländern angesichts des dort verbotenen Alkoholgenusses unterentwickelt ist, konnte sich die Sélection nur auf andere regionale Spezialitäten beziehen.

Die Clubräume waren etwas beengt, wie es die Räume vieler Londoner Häuser sind. Man saß um kleine runde Tischchen und plauderte, bis Anatol, unser Gastgeber, seine Rede hielt. Die war so, wie es sich gehört: Sie dauerte nicht länger als zwei Minuten. Er bedankte sich bei allen, die bei dem Deal dabei gewesen waren, ganz besonders bei einem älteren Kollegen, der ihm ein paar Türen geöffnet hatte. Schließlich drückte er seine Hoffnung aus, dass er noch viele ähnliche Geschäfte machen würde. Unter den Gästen wurde gemunkelt, dass er bei diesem Deal dreiundzwanzig Millionen Euro verdient hatte.

»Enjoy the evening«, lautete die Kernaussage seiner Ansprache.

Es folgte der Auftritt der Köche. Es waren zweifellos die besten Londons. Sie hatten ein achtgängiges Degustationsmenü kreiert, das sich auch ohne sinnlose Prasserei des Multimillionen-Deals als würdig erwies. Es begann mit einem Gruß aus der Küche – Thunfisch-Carpaccio oder wahlweise Salat mit Garnelen. Danach wurden eine Krabbensuppe und als Zwischengang gebratene Gänseleber serviert. Als Hauptspeise gab es Spaghetti mit Hummer, eines meiner Lieblingsgerichte, und danach Seezunge oder Heilbutt. Den Abschluss machten eine Käseauswahl sowie Sorbets und eine Trüffeltorte.

Nach dem Dessert kamen die Mädchen. Sie mischten sich unter die Gäste, die angesichts ihrer brillanten Schönheit um die Wette strahlten und lächelten. Zwei Jahre davor wären es vielleicht noch sechzig statt vierzig Mädchen gewesen, aber auch so waren mehr als genug für alle da.

Die Männer mit Ehefrauen im Schlepptau warfen sich genauso ins Zeug wie die anderen. Der Finanzadel hat seit jeher einen unausgesprochenen Hang zur offenen Beziehung. Männer sind davon genauso betroffen wie Frauen. Viele reiche Männer halten sich weibliche Harems, immer mehr reiche Frauen halten sich männliche. Harems sind im Prinzip zwar der islamischen Gesellschaft vorbehalten, aber in der westlichen Finanzwelt gibt es vergleichbare Verhaltensmuster.

Die Araberinnen kamen zu den Tischen, und man plauderte darüber, woher man kam, was man so machte und über die schönen Plätze der arabischen Welt, von Beirut über Dubai bis Kairo. Zwar nahm fast jeder der Männer am Ende eine der dunklen Schönheiten mit in seine Residenz oder sein Hotel, aber das Plaudern war der eigentliche Sinn der Übung.

Die Frauen waren natürlich keine Professionellen. Sie waren, abgesehen von ihrer bemerkenswerten Schönheit, ganz normale Frauen. Anatols Leute hatten sie in Zusammenarbeit mit örtlichen Agenten mittels Internet-Ausschreibung angeworben, vor allem in Saudi-Arabien, im Libanon, in den Vereinigten Arabischen Emiraten, in Ägypten, Katar und Jordanien.

Das Angebot an sie hatte gelautet: Flug nach London, Unterbringung in den besten Hotels, Essen an einem Tisch mit Multimillionären und Milliardären, Rückflug in die Heimat. Viertausend hatten sich gemeldet, die vierzig schönsten Mädchen waren ausgewählt worden. Die Nachfrage nach solchen Trips ist in fast allen Regionen der Welt gleich groß. Man braucht es nur in Litauen oder Kroatien zu versuchen. Es ist für viele Frauen ein Privileg, bei so einer Sache dabei sein zu dürfen, und alles andere ist kein Muss, sondern eher eine natürliche Entwicklung.

Ich verstand mich mit Amira am besten, einer Jordanierin mit viel Humor. Ich lud sie hinterher noch in mein Hotel in Mayfair ein. Natürlich blieb es nicht beim Plaudern, sonst wäre das Ganze am Ende doch etwas langweilig gewesen. Aber es war im Grunde nichts anderes, als wenn ich ein Mädchen aus einer Bar abgeschleppt hätte, nur lief alles besonders höflich und stilvoll ab. Amira studierte Sprachwissenschaften und Englisch, und ich mochte ihre Art. Sie war voller Energie, der Typ, der gerne tanzt und in späteren Jahren vielleicht einmal zur Matrone wird. Wir vereinbarten, in Kontakt zu bleiben.

Die Sélection Arabique als Sexparty zu bezeichnen oder gar in die Nähe des Rotlichtgeschäftes zu rücken, wäre eine Beleidigung für sie gewesen. In South Beach, Miami, hatte ich einmal ein ganz ähnliches Mädchen kennengelernt, eine Peruanerin. Sie war Kellnerin in Nikis Beach Club und ebenfalls bildhübsch. Ich hatte sie gefragt, ob sie mir nach

Dienstschluss Miami zeigen würde, und auch dieser Abend hatte bei mir im Hotelzimmer geendet.

Der Kontakt zwischen Amira und mir riss trotzdem nach einigen E-Mails ab. Es gibt in dieser Phase meines Lebens nicht viel Platz für Frauen. Ich respektiere monogame Ehen und sicher können sie Menschen, die das mögen, Kraft geben. Aber ich bin nicht der Typ dafür. Meine Assistenten, die meinen Lebensstil kennen, scherzen manchmal, dass ich mich eines Tages Hals über Kopf verlieben und das Geschäft bleiben lassen werde. Aber das sind bürgerliche Mythen. Ich verfolge meine Ziele mit großer Genauigkeit und Vehemenz, und ich lasse nicht gerne zu, dass mich etwas ablenkt. Wer mit dreihundert auf der Autobahn fährt, muss sich konzentrieren.

Kapitel minus zwei

die wahren gründe der krise

**Die Wirtschaftskrise haben nicht wir, die
Investmentbanker, ausgelöst. Das wart ihr, die
Mittelschicht.**

Den Aston Martin hatte mir der Händler einen Tag nach meinem zweiunddreißigsten Geburtstag vor die Tür gestellt. Er ist ein klassischer Grand Turismo in der Farbe Pinot Grigio, ein echtes Kunstwerk auf Rädern. Er hat vierhundertsechzig PS und ein Cockpit wie ein Flugzeug, mit Instrumenten, die nachts kristallen leuchten. »Hier ist ihr DB 9«, hatte der Händler gesagt, als er mir die Schlüssel in die Hand gedrückt hatte. »Viel Spaß damit.«

»Den werde ich sicher haben«, hatte ich geantwortet, ehe ich eingestiegen war, um eine Runde zu fahren.

Es ist noch immer ein fantastisches Gefühl. Ein Auto dieser Kategorie lenkt man mit äußerstem Respekt. Man reizt es niemals aus. Mehr als zweihundertvierundfünfzig Stundenkilometer bin ich noch nie gefahren, und zweihundertvierundfünfzig sind bei diesem Fahrwerk und diesem Motor längst keine Schmerzgrenze, wenn die Straße gerade, der Belag in Ordnung und man selbst ausgeschlafen ist.

Im Aston Martin holte ich Dorota ab. Wir wollten essen gehen. Sie fragte mich, wie es in London gewesen sei.

»Gut«, sagte ich.

Die Sache mit dem Kleid stand im Raum, aber sie verlor kein Wort darüber. Besser so. Ich war etwas übermüdet und leicht reizbar. Sie musste sich entspannen und diese Dinge vergessen, dann konnten wir weiterhin Spaß haben und uns besser kennenlernen. Ein Anfang für meinen nächsten Uni-Kurs fiel mir ein:

Ich stehe heute etwas müde vor euch. Ich schlafe gerne viel und lange, aber ich habe derzeit mehr zu tun denn je. Im Konjunkturtief häufen sich in meiner Branche die Gelegenheiten, und ich war schon immer schlecht darin, interessante Geschäfte auszulassen. Firmen, die in den guten Zeiten die ökonomischen Grundregeln missachtet haben, sind jetzt günstig zu haben. Auch stabile Firmen mit guten Geschäftsmodellen werden von den Kommerzbanken mit Krediten im Stich gelassen, was Investmentbanken, Fondsmanager und Privatinvestoren stärker ins Spiel bringt. Die Deals werden unauffälliger als früher gemacht, aber wo ich hinblicke, wird Geld verdient. Ich fühle mich in wirtschaftlichen Tiefs mitunter sogar wohler als in den Boomzeiten, in denen die Leute abheben und solche wie mich, die auf den ökonomischen Grundregeln beharren, wie Freaks behandeln.

Mein Kurs am Institut für Corporate Finance war dafür bekannt, praxisnah zu sein. Deshalb würde ich als Beispiel meinen geplanten Einstieg bei dem Busunternehmen beschreiben.

»Ich habe heute in einer Boutique in der Innenstadt eine wunderschöne Tasche gesehen«, unterbrach Dorota meinen Gedankenfluss.

Ich bog etwas zu hart ab, wodurch sie unsanft in den Ledersitz gedrückt wurde. Sie ließ sich nicht davon beirren.

»Es ist wirklich eine schöne Tasche«, murmelte sie verträumt.

Das Busunternehmen war mir einfach nur deshalb aufgefallen, weil die beiden Eigentümer bei einer Sportwagenausfahrt in Salzburg anders als bei früheren Treffen den Champagner sehr verhalten sprudeln ließen. Ich kenne rund sechzig Prozent der Sportwagen-Community zumindest vom Sehen oder von ihren Autos her und wusste, dass die beiden das Unternehmen von ihrem Vater geerbt hatten. Zwei Firmenerben mit Hang zu schnellen Autos und hübschen Mädchen, die anscheinend ein bisschen nervös geworden waren. Das reichte mir, um Paul mit einer näheren Prüfung des Falls zu beauftragen.

Er hatte bereits erste Ergebnisse geliefert, aber ich hatte sie noch nicht gelesen. Wenn die Brüder, wie ich vermutete, ein Problem hatten, dann fiel mir vielleicht eine Lösung dafür ein. Womit die Basis für ein Geschäft gegeben wäre. Denn die ist bei jedem Geschäft immer die gleiche:

> *Jemand hat ein Problem.*
> *Jemand hat eine Lösung.*

Ein gutes Geschäft, und das ist längst auch wissenschaftlich erwiesen, ist immer eines, bei dem am Ende beide Seiten zufrieden sind.

»Es ist eine Hermès-Tasche«, sagte Dorota.

Als ich schwieg, fragte sie: »Wohin fahren wir?«

»Überraschung«, antwortete ich knapp.

Ich nahm meine Aufgabe an der Uni sehr ernst. Im Jahr davor hatte ich eine Vorlesungsreihe über Investmentbanking für Klein- und Mittelbetriebe gehalten. Für mich war das meine Art der Weltverbesserung: Etwas gegen die systematisierte Unwissenheit der Gesellschaft in Geldsachen zu tun und damit einen Beitrag zur Befreiung des Individuums zu leisten. Meine Studenten diskutierten gerne mit mir. In letzter Zeit warfen sie mir oft all diese unsinnigen Argumente an den Kopf, die eine Folge des beginnenden Gärens in der Mittelschicht, gerade üblich sind. Dass wir, die bösen Finanzjongleure, schuld an der Wirtschaftskrise sind. Bei nächster Gelegenheit würde ich es ihnen so sagen:

Nicht wir, die Investmentbanker haben die Wirtschaftskrise zu verantworten, sondern ihr, die Mittelschicht und die kleinen Leute.

Ich gebe zu, dass es eigentlich die Mittelschicht und die kleinen Leute in den USA waren, aber solange für Investmentbanker eine Art globale moralische Sippenhaftung gilt, darf ich mir diese kleine Verallgemeinerung leisten. Ihr habt beharrlich gegen die beiden ökonomischen Grundregeln verstoßen. Ihr habt kollektiv auf Dauer mehr ausgegeben als eingenommen und eure Schulden nicht bezahlt, es sei denn durch Aufnahme neuer Schulden.

Wenn in einem System dauerhaft gegen Grundregeln verstoßen wird, bricht es logischerweise zusammen. Es ist dann eine philosophische Frage, ob die Schafe schuld sind, die ins Feuer trotten, oder die Hirten, die sie nicht davon abhalten, in diesem Fall die Politiker, Banker, Ratingagenturen und die Aufsichtsbehörden des Finanzmarktes. Ich jedenfalls gehe von der Eigenverantwortlichkeit des Individuums aus. Jeder Mensch ist am Ende für seine Schulden selbst verantwortlich.

Natürlich hätten die Institutionen des Finanzmarktes das ökonomische Harakiri einer ganzen Gesellschaftsschicht früher erkennen und besser darauf reagieren müssen. Ihnen ist auch eine fatale Idee bei der Schadensbegrenzung anzulasten: Ein fauler Kredit ist ein Stück Unrat, meinten sie, aber wenn man viele Stücke Unrat zusammenlegt, kommt dabei kein großer Haufen Unrat heraus, sondern eine Anleihe mit Triple-A-Rating.

Ob ein schwerer Denkfehler oder vorsätzlicher Betrug dahinter stand, als sie die Weltwirtschaft mit giftigen Papieren zu unterminieren begannen, wird sich kaum noch klären lassen. Aber die fundamentalen Fehler sind nicht ihnen anzulasten. Den haben Leute wie ihr gemacht. Wenn sich eure Nachbarn verschulden, dann tut ihr es auch. Weil für euch automatisch immer richtig ist, was alle tun.

> *Ihr erkennt Unsinn nicht als Unsinn, wenn*
> *ihn alle machen. Das war das fundamentale*
> *Problem, das zur Finanzkrise geführt hat.*

Wie viele von euch wollen hier nachdenken lernen, und wie viele wollen nur hören, was en vogue ist und es dann nachmachen? Und dann glaubt ihr, dass unsere Unmoral schuld an der Krise ist? Ausschweifende Partys, Luxusautos? Merkt ihr wirklich nicht, wie trivial das ist?

Es geht um Moral, das stimmt. Aber auf einer anderen Ebene. Es gibt eine geschäftliche Moral, der sich eine Mehrheit der Akteure verpflichtet fühlen muss, wenn auf Dauer alles gut gehen soll. In den Boomzeiten ist diese Moral meistens unmodern. Ein spanischer Banker, der mit seinem

Institut immer allen Konjunkturschwankungen getrotzt hat, nannte mir einmal seine drei moralischen Grundsätze. Die treffen die Sache ziemlich genau auf den Punkt.

1. Ich kaufe und verkaufe nur Dinge, die ich selbst verstehe. (Andernfalls würde er die Verantwortung für Probleme übernehmen, deren Tragweite er nicht einschätzen könne. Tatsächlich haben vor Beginn der Finanzkrise viele Menschen Geschäfte gemacht, von denen sie keine Ahnung mehr hatten. Sie haben damit kurzfristig gut verdient, aber unwissentlich die Probleme immer weiter auf die Spitze getrieben.)

2. Ich verkaufe nur Dinge, die ich auch kaufen würde. (Andernfalls bringe er jemanden wissentlich in eine Situation, in der er selbst nicht gern wäre, und ein Geschäft sei immer dann schlecht, wenn es für eine der beiden Seiten schlecht sei. Der Verkauf der faulen Anleihen war ein klarer Verstoß gegen diesen Grundsatz.)

3. Ich borge nur Menschen Geld, von denen ich weiß, dass sie es zurückzahlen können. (Andernfalls müsse er sich vorwerfen, Menschen in Schwierigkeiten gestürzt zu haben, die sie nicht bewältigen können. Auf diesen Grundsatz

besannen sich viele erst wieder während der Krise, und das vermutlich in den wenigsten Fällen aus moralischen Gründen.)

»Hörst du mir überhaupt zu?«, fragte Dorota.

Ich nickte und hielt an. »Du willst von mir ein Louis-Vuitton-Kleid und eine Hermès-Tasche«, sagte ich.

Sie sah unsicher zum Fenster hinaus. Wir standen vor einer U-Bahn-Station.

»Was tun wir hier?«, fragte sie.

»Du kannst hier aussteigen«, sagte ich. »Fünf Minuten – und du bist wieder in der Innenstadt.«

Zögerlich stieg sie aus. Das Ganze tat mir leid, aber zwischen uns, das würde nicht klappen. Die Gegenwart von Geld verkrampft nun einmal viele Menschen. Sie können dann an nichts mehr als an das Geld denken. Es verstellt ihren Blick auf den Besitzer. Für den kann das ziemlich frustrierend sein.

Ich nahm die nächste Autobahnauffahrt und fuhr nur so Richtung Westen. Nur so zu fahren ist mit einem Aston Martin immer eine gute Beschäftigung. Kurz vor St. Pölten zerschellte das erste Hagelkorn auf meiner Windschutzscheibe. Unter der nächsten Brücke hielt ich auf dem Pannenstreifen. Taubeneigroße Hagelkörner fielen vom Himmel und rollten über den Asphalt.

Ich klappte meinen Laptop auf und ging Pauls Rechercheergebnis über das Busunternehmen durch.

Interessant machte die Firma ein Vertrag mit der Gemeinde zur Beförderung von Schulkindern. Das hörte sich nach einer stabilen langfristigen Einnahmequelle an. Den beiden Jungs fehlte trotzdem das Geld für neue Fahrzeuge. Die Gründe dafür lagen auf der Hand. Insgesamt betrieben sie neun Busse, und ich hatte mir noch nie erklären können, wie die genug Geld für ihr Luxusleben abwerfen konnten. Banken waren bei derart risikoarmen Geschäftsmodellen meist geduldig, irgendwann hatten sie aber trotzdem genug.

Es sah so aus, als wäre ich tatsächlich auf der richtigen Spur. Mit etwas Glück und ein paar guten Ideen würde ich mir mit geringem Kapitaleinsatz eine substanzielle Firmenbeteiligung holen können. Meine eben noch miese Stimmung hatte sich mit einem Schlag deutlich verbessert.

Kapitel minus eins

investmentbanker sind keine arschlöcher

Es ist eindeutig ökonomisch vernünftiger, einem guten Banker zehn Millionen zu zahlen als einem Idioten fünfhunderttausend.

»Also ehrlich. Investmentbanker sind doch ...«

Vielleicht hatte ich die Sache mit den Busjungs etwas zu flapsig erzählt. Vielleicht war ich auch hinterher mit meinen Schuldzuweisungen an die Mittelschicht ein bisschen zu weit gegangen. Der Student in einer der mittleren Reihen des prall gefüllten Hörsaals hatte mich an der Stelle unterbrochen, an der ich mein Publikum im vollen Schwung meines Vortrags als feig bezeichnet hatte.

»Ja?«, sagte ich, nahm einen großen Schluck Wasser und warf meinem für die Vorlesung eingeteilten Assistenten, der seitlich der Tafel saß und mitschrieb, einen Blick zu.

»Die Boni. Die Gier. Die Dekadenz. Die mangelnde Moral. Und dann auch noch diese Überheblichkeit«, sagte der Student. »Investmentbanker gelten wohl nicht ganz zufällig als …«

»… Arschlöcher!«

Ein rothaariger Hinterbänkler hatte dazwischen gerufen. Der Bursche war mir schon früher aufgefallen. Einmal hatte er meinen Assistenten als Butler verhöhnt. Kurze Zeit später hatte ich ihn in punkigen Klamotten beim Festival Nova Rock gesehen.

»Genau dieses Vorurteil meine ich«, sagte ich. »Wie alle Vorurteile verstellt es die Sicht auf die eigentlichen Probleme. Und das eigentliche Problem sind nicht wir, das seid, wie gesagt, ihr.«

Die Aufmerksamkeit war eindeutig gestiegen, als ich, meinem Konzept folgend, fortfuhr. Doch als ich mich bis zum nächsten Mal verabschiedete, ärgerte ich mich. Ich war nicht gut gewesen. Ich hatte nicht überzeugt. Auf diesen lächerlichen ewigen Vorwurf mit den Boni war ich erst gar nicht eingegangen. Weil ich ihn einfach nicht mehr hören konnte. Donja habe ich einmal die Wahrheit über die Boni erklärt. Sie hat sie verstanden, aber gemeint, dass das niemand hören will. Die Wahrheit ist: Wenn im Londoner Finanzzentrum zwölf Milliarden Pfund an Boni ausgeschüttet werden, bekommen sechstausend Personen jeweils rund eine Million, was sechs Milliarden ausmacht. Die übrigen sechs Milliarden teilen sich zweihundertfünfzigtausend Beschäftigte, was vierundzwanzigtausend Euro pro Person ergibt. Und das Leben in London ist nicht billig.

Natürlich verdienen Einzelpersonen enorme Summen, aber das gibt es auch unter Musikern, Basketballspielern oder Fernsehleuten. Wir verdienen viel, weil wir überdurchschnittlich viel Stress haben, überdurchschnittlich viel Verantwortung tragen und überdurchschnittlich gebildet sind. Viele Investmentbanker haben an den besten Universitäten der Welt studiert, sie müssen enorm belastbar und hochintelligent sein und hervorragende analytische Fähigkeiten besitzen.

Am Anfang meiner Karriere hatte ich ein Schlüsselerlebnis: Ich traf einen Banker in Zürich. Es ging um die Strukturierung eines Fonds. Wir besprachen die Sache beim Abendessen. Es handelte sich um ein sehr komplexes Geschäft, weshalb ich das Treffen für ein erstes Kennenlernen hielt, auf das lange und komplizierte Verhandlungen folgen würden. Doch nach dem Dessert reichte er mir die Hand.

»Einverstanden, Gerald«, sagte er. »Ich möchte morgen zum Segeln auf die Bahamas fliegen. Das heißt, du müsstest mir alle Unterlagen spätestens um acht Uhr am Flughafen übergeben.«

Ich setzte mich an meinen Laptop, quälte um vier Uhr morgens den Nachtportier des Hotels mit einem Vierzig-

Seiten-Ausdruck und am nächsten Tag um 7.30 Uhr war die Sache erledigt.

Meine besten Deals habe ich in Form einer einzigen handschriftlichen Seite abgeschlossen, und es hat funktioniert. Ihr hättet vermutlich vor lauter Sorge, hereingelegt zu werden, jeweils hunderte Seiten lange Vereinbarungen aufgesetzt, die euch im Ernstfall doch nichts geholfen hätten. Denn Verträge sind immer nur so gut wie die Vertrauensbasis zwischen den Akteuren. Vor Gericht sind kurze Verträge immer zu kurz, weil irgendein Punkt fehlt, und lange sind immer zu lang, weil sie zu viele Interpretationsmöglichkeiten eröffnen.

2004 war ich bei einem Lunch im Harvard Club in New York eingeladen, wo der Gründer und Eigentümer einer legendären Investmentboutique einen Vortrag hielt. Nach dem Essen fragte ich ihn, worauf es ihm bei der Auswahl von Investmentbankern und Geschäftspartnern ankommt. Seine Antwort war kurz und klar:

1. Ist die Person ehrlich und vertrauenswürdig?
2. Versteht die Person ihr Handwerk?
3. Ist die Person bereit, hart und genau für ihr Ziel zu arbeiten?
4. Kann die Person mit Geld umgehen?

Kapitel null

fuck the establishment

Ungleichheit mit gewissen Limits ist der stärkste Motor jeder gesellschaftlichen Entwicklung.

Ich kam in meinem schönsten Nadelstreif samt Stecktuch und zeigte mich wie immer bei Terminen mit meinem Banker während des ganzen Abendessens von meiner besten Seite. In einem Restaurant in der Frankfurter Altstadt redeten wir über die schönen Dinge des Lebens, und ich bedankte mich für die Finanzierung einiger neuer Immobilienprojekte.

Neben den Grundregeln für das richtige Wirtschaften gibt es auch einige informelle Regeln. Eine der wichtigsten lautet:

Sei immer freundlich zu deinem Banker. Denn er
entscheidet irgendwann, ob es weitergeht oder nicht.

Ich hatte diesbezüglich ein Schlüsselerlebnis bei der Hochzeit meines ehemaligen Geschäftspartners Georg Seeh, die gegen Ende der Boomjahre unter freiem Himmel in Miami stattfand. Die Gäste wurden zum Teil in Helikoptern auf ein Schiff geflogen, für die übrigen stand eine kleine Flotte von Rolls Royce bereit, die sie zu Schnellbooten im Hafen brachten.

Am Schiff fand ein rauschendes Fest statt. Champagner der besten Jahrgänge floss in Strömen, die High Society hatte sich eingefunden und mit ihr die Regenbogenpresse. Während Braut und Bräutigam mit ihren Gästen tafelten, fiel mir ein kleiner schweigsamer Inder in einem korrekten Anzug auf, der etwas verloren am Rande des Geschehens stand.

Weil niemand mit ihm redete, ging ich zu ihm und fragte ihn, was er so mache.

»Wissen Sie, ich komme von der Bank, die das alles hier ermöglicht«, sagte er freundlich und rückte ungeschickt seine seltsame schwarze Brille zurecht.

»Wir drehen den Geldhahn auf«, sagte er mit einer Geste, die die gesamte pompöse Szenerie einschloss, »und wenn wir nicht mehr wollen, dann drehen wir ihn auch wieder zu.«

Zwei Jahre später war Seeh pleite. Der kleine schweigsame Inder hatte den Hahn abgedreht.

Nach dem Dinner mit meinem eigenen Banker fuhr ich auf der A 5 von Frankfurt in Richtung Basel, eine Strecke, die an einigen Stellen für zweihundertvierzig Stundenkilometer gut ist. Auf der Toilette einer Autobahnraststätte südlich von Karlsruhe zog ich mich um. Zerrissene Jeans, Nietengürtel, Lederjacke. Vor dem Spiegel verpasste ich meiner Frisur einen Irolook, dann legte ich die Rolex ins Handschuhfach, parkte den Audi beim Karlsruher Bahnhof und fuhr im Taxi weiter zu einem kleineren Heavy-Metal-Festival, das vor allem im Internet beworben worden war – ein Insidertipp.

Mit Doc Martens und einem Rucksack mit einem Kapuzenpullover darin mischte ich mich unters Volk.

Ein Leben wie ein stiller See ist nichts für mich. Jeden Tag das teuerste Essen und Luxushotel mit Butler wird auch langweilig. Deshalb brauche ich diese Partys. Krasse Gegensätze bringen mich auf neue Ideen für Geschäfte, und ich mag die Punks. Sie haben Elemente, die ich gut finde. Sie hinterfragen das System und tun damit genau das, was ihr tun müsstet, um aus dem Hamsterrad zu entkommen. Bloß tun es die Punks mit den falschen Schlussfolgerungen.

Für die Anarcho-Punks sind die Unternehmer, die Vermieter und die Politiker die Bösen. Doch ein Angriff auf sie würde nur zu einer Konsequenz führen: Niemand hätte mehr Arbeit und Wohnung und vorübergehend würde Anarchie herrschen. Danach würde sich irgendeine brutale feudalistische Plutokratie etablieren.

*Ihr müsst bereit sein, wie Punks zu denken,
aber nicht wie Anarcho-Punks, sondern wie
Investment-Punks. Die Rebellion eines Investment-
Punks basiert auf Kreativität und Leistung.*

Ich habe auf diese Art schon in der Schule rebelliert, als ich begriffen hatte, dass sie mir beim Geldverdienen nicht helfen, sondern mich im Gegenteil nur für das Hamsterrad trainieren wollte. Ich missachtete das System und die Hausordnung der Schule. Ich tat, was ich wollte. Meine Lehrer brachte das zur Verzweiflung, aber ich wusste, dass sie keine Chance hatten, so lange sie mich nicht durchfallen lassen konnten. Diese Chance gab ich ihnen nicht.

Dass es euch an Talent für die Rebellion durch Leistung und damit für den Aufstieg mangeln könnte, ist eine Ausrede. Es ist überall wie im Sport: Nur zwanzig Prozent sind Talent, achtzig Prozent sind Konsequenz und harte Arbeit. Aber die Arbeit tut ihr euch erst gar nicht an, und auch damit folgt ihr im Prinzip nur den Konventionen der Mittelschicht. Denn ihr ist der Leistungsgedanke unmerklich abhanden gekommen.

Ich erlebte das zum ersten Mal bei einem Praktikum in einer Bank. Ich dachte, um als Neuling akzeptiert zu werden, mir den Respekt meiner Kollegen zu sichern und in der kurzen Zeit möglichst viel zu lernen, müsste ich mich besonders anstrengen und bei allem, was mir aufgetragen wurde, möglichst schnell sein. Der Rest der Belegschaft beobachtete mich mit wachsendem Unwillen, den ich mir zuerst nicht erklären

konnte. Am dritten Tag schließlich nahm mich ein wohlmei-
nender Kollege beiseite. »Bitte arbeite nicht so schnell«, sagte
er. »Sonst müssen wir auch so schnell arbeiten.«

Ich bekomme die zunehmende Leistungsfeindlichkeit eurer Mittelschichtgesellschaft auch bei der Personalsuche zu
spüren. Wenn ich zum Beispiel einen Fahrer brauche, zielen die Fragen der Bewerber fast immer auf das Ausmaß der
Arbeit ab. Dem entnehme ich, dass es ihnen nicht darum
geht, zu arbeiten, sondern darum, möglichst nicht zu arbeiten. Diesen Wunsch erfülle ich jeweils, indem ich sie ohne
Job wieder nach Hause schicke.

Dabei sind solche Bewerber meist sehr von sich eingenommen. Wenn ich sie nach ihren Schwächen frage, fallen
ihnen keine ein. Sie hätten keine, meinen sie. Sie verschleiern ihre Schwächen nicht einmal. Die meisten, glaube ich,
kennen sie wirklich nicht, womit sie nicht lernfähig sind.
Ich schlage solchen Kandidaten immer vor, dass nicht sie für
mich arbeiten, sondern ich für sie. Denn ich habe sehr wohl
Schwächen. Ich bin sehr ungeduldig, und ich kann es nicht
leiden, wenn ich früh aufstehen muss. Ich habe eine nach-
lässige Körperhaltung und werde unter anderem deshalb auf
den ersten Blick leicht unterschätzt.

Leistungswille ist vor allem noch bei Menschen anzutreffen, die von außen ins System gekommen sind. Bei jungen
Leuten mit Migrationshintergrund zum Beispiel, die sich etablieren wollen. Ich habe vor Kurzem einen Fahrer mit arabischen und türkischen Wurzeln aufgenommen, der auf meine

Frage nach seiner Verfügbarkeit eine einfache Antwort gab.

»Ich fahre dann, wenn Sie mich brauchen«, sagte er.

Der junge Mann ist smart, er will nach oben, und er kann es auch schaffen. Vielleicht hat er sogar das Zeug zum Investmentbanker. Dazu braucht es nicht unbedingt eine Harvard-Ausbildung. Kein Geschäft der Welt ist so kompliziert, dass es ein aufgeweckter junger Mensch nicht auch im Learning-by-Doing-Verfahren lernen könnte.

Die Bildungselite ist zum Teil schon zu arrogant geworden. Ich war einmal Aufsichtsrat bei einer Biotech-Firma, deren Vorstandsvorsitzender ein Universitätsprofessor mit doppeltem Doktortitel war. Ich war damals sechsundzwanzig und meine Aufgabe bestand darin, das Unternehmen wieder in Schwung zu bringen, nachdem zwei Jahresbilanzen tiefrot gewesen waren.

Ich stellte fest, dass der Professor schlecht wirtschaftete und versuchte anfangs, einige Weichen neu zu stellen. Dann fiel mir auf, dass er mit seltsamer Beharrlichkeit auf eine Expansion in Edinburgh drängte, obwohl Edinburgh in der betreffenden Branche Niemandsland war. Verwundert ging ich der Sache nach. Schließlich fand ich heraus, dass seine Tochter, die etwas älter als ich war, in Edinburgh studierte. Er wollte sie offenbar auf Firmenkosten besuchen können.

»Sie wirtschaften schlecht und arbeiten unseriös, Herr Professor«, sagte ich zu ihm. »Treten Sie bitte zurück.«

Nach einer Woche war er dazu bereit, aber er verlangte eine Abfindung in Höhe von fünfhunderttausend Euro. Ich traf mich an einem Freitagabend mit ihm und drückte ihm einen Vertrag über sein Ausscheiden in die Hand, der eine Abfindung in Höhe von hunderttausend Euro vorsah.

»Ich fliege morgen zu einer Party nach Berlin«, sagte ich. »Das heißt, Sie müssten mir den Vertrag bis morgen um 15 Uhr unterschrieben aushändigen. Andernfalls würde ich meinen Assistenten mit der Einberufung einer außerordentlichen Hauptversammlung beauftragen. Einziger Tagesordnungspunkt wären Sie, Herr Professor, aus wichtigem Grund.«

Er kam sicherheitshalber persönlich zum Flughafen. Zuerst erkannte er mich gar nicht, weil ich bereits meine Partyklamotten trug. Dann ging er ohne Gruß.

Mir ist nie etwas anderes übrig geblieben, als mich über Leistung durchzusetzen. Denn euer Leben – Schule, Universität, Job und dann möglichst viele Privilegien anhäufen – hätte ich einfach nicht ertragen. Der Krake ist für mich zu ekelhaft, er nährte in mir zu sehr das Bedürfnis, in seine Fangarme zu stechen, und euer Stil, das Übliche zu identifizieren und dann auch mit euren Leistungen in dessen Rahmen zu bleiben, stand immer genau im Gegensatz zu meinem Bedürfnis nach Selbstverwirklichung.

Eines habt ihr, die Mittelschicht, allerdings mit den Anarcho-Punks gemeinsam: Ihr schwelgt wie sie in der Illusion von Gleichheit als gesellschaftlichem Prinzip. Alle sollen ungefähr gleich viel oder gleich wenig haben. Ich habe nie an Gleichheit geglaubt. Ungleichheit mit gewissen Limits ist der stärkste Motor jeder gesellschaftlichen Entwicklung. Der stärkste Anreiz für Fortschritt besteht nun einmal darin, mehr als die anderen zu haben, mehr Geld, mehr Spaß, mehr Macht.

Dass alle Menschen gleich sind, war schon immer eine politische Lüge und wird es immer mehr. Das Steuersystem sorgt dafür. Für ein Höchstmaß an Chancengleichheit müssten zum Beispiel die Steuern auf unternehmerischen Erfolg sehr niedrig sein, damit sich die, die unten sind, leichter nach oben arbeiten können. Die Erbschaftssteuern müssten besonders hoch sein. Das Gegenteil ist der Fall.

Auch im Bildungswesen wird Chancengleichheit immer mehr zur Illusion. Die Einheitsschule für alle setzt sich zunehmend durch. Das wird zu einem immer breiteren Angebot an teuren Privatschulen führen, die aufgrund ihrer hohen Kosten nur den Kindern der Reichen offenstehen. Alle anderen werden sich mit dem Einheitsbrei begnügen und die durch ihre Herkunft bedingten Nachteile akzeptieren müssen.

Die Freiheit der Besitzenden ist keine philosophische, sondern eine ganz pragmatische und reale.

Reichtum bedeutet wirtschaftliche Unabhängigkeit. Ich tue den ganzen Tag, was ich will. Ich sage, was ich will und ziehe an, was ich will. Jüngst tuschelte eine Dame der gehobenen Gesellschaft meiner Mutter zu, dass sie mich am helllichten

Tag in einer Punkerkluft gesehen hätte. Meine Mutter rief mich daraufhin ganz verzweifelt an. Ich sagte ihr, dass ich in diesem Aufzug schon die besten Geschäfte gemacht hätte. Außerdem erzählte ich ihr, dass ich jüngst im Partyzug nach Kroatien auf einer stinkenden Toilette – weil es dort am stillsten war – telefonisch mit einem russischen Oligarchen über ein hoch dotiertes Investmentbanking-Mandat verhandelt hatte. Und ich erzählte ihr, dass die Google-Gründer Larry Page und Sergey Brin gleich nach dem Börsengang ihrer Suchmaschine zum Festival Burning Man in Nevada geflogen waren, einem der wildesten seiner Art.

Die meisten Menschen haben immer Angst, vor allem jene, die etwas anderes darstellen, als sie sind. Sie haben Angst, dass der Schleier fällt. Ich pfeife auf das alles. Ich spiele mein Spiel, wie es mir gefällt, und dass ich meine Geschäftspartner und meine Freunde respektvoll behandle, gehört dazu.

Meinen Geschäftspartnern ist es egal, wie ich lebe. Sie wollen Ehrlichkeit, Handschlagqualität, Diskretion und gute Deals machen. Ich buckle nicht, und ich passe mich nicht an, wenn ich keine Lust dazu habe. Was passiert, wenn ich einen Vorstandsdirektor nicht als Vorstandsdirektor begrüße, sondern als Herrn Soundso? Oder wenn ich in Punkklamotten bei einer Schnöselparty erscheine? Manchmal tue ich das, einfach weil ich mir im Prinzip denke: Fuck you.

Vor Kurzem nahm mich ein Freund zu einer Party mit lauter Söhnen und Töchtern stellvertretender Vizedirektoren und ähnlicher feiner Herren mit. Sie sahen mich wegen meines Aufzugs schief an und redeten nicht mit mir. Trotzdem mischte ich mich in ein Gespräch über einen Beachclub in Saint Tropez ein, den ich zufällig kannte. Einer von den Jungs erzählte, wie sie abends mit ein paar Mädchen im Auto hinübergefahren waren. Ich fragte ihn, ob sie ein Amphibienfahrzeug gehabt hätten, einen Amphi-Ranger zum Beispiel, weil der Club nur mit dem Boot zu erreichen sei. Es war klar, dass er seine Informationen zum Angeben in Zeitungen gesammelt hatte.

Die Folge war, dass sie mich loswerden wollten. Ich hatte das vorausgesehen und meinen Assistenten gebeten, den Aston Martin vorzufahren. Als ich zum Wagen kam, drückten genau die gleichen Leute, die sich eben noch über mich mokiert hatten, ihre Nasen an den Fenstern platt. Ich wedelte mit den Händen.

»Weg von meinem Wagen«, sagte ich, und wir brausten davon.

Das ist meine Art von Fuck-the-Establishment. Steve Harris, der Chef von Iron Maiden, fliegt seine Band auch in seiner eigenen Boeing 757 herum, die bei herkömmlicher Bestuhlung genug Platz für zweihundertzwanzig Passagiere bieten würde.

Das kleine Metal-Festival war besser besucht, als ich erwartet hatte. Ich war froh über meine Doc Martens, die verhinderten, dass mir Pogotänzer die Zehen brachen. Der Rucksack erfüllte den ihm zugedachten Zweck als Stoßdämpfer. Mitten in der Menge entdeckte ich einen vertrauten roten Haarschopf. Der Hinterbänkler aus meinem Wiener Unikurs war in Sachen Rock und Punk anscheinend ebenfalls ziemlich mobil.

Die Niederlage bei meiner letzten Vorlesung nagte noch an mir. Es gab einiges gutzumachen, und ich hatte Lust, bei ihm damit anzufangen, und zwar jetzt gleich. Ich trat selbst auf ein paar Schuhe, als ich mich durch das Gewühl in seine Richtung drängte.

Als ich die Hand nach ihm ausstreckte, sprang er auf den Rücken eines anderen Tänzers und ließ sich von der Menge hochheben. Mit ausgebreiteten Armen glitt er über mir vorbei.

Jetzt erst sah ich ihn aus der Nähe. Ich hatte mich geirrt. Das war keiner meiner Studenten, nur irgendein Crowdsurfer.

Ich war enttäuscht. Ich hätte ihm viel zu sagen gehabt.

Das war der Moment, in dem ich endgültig beschloss, dieses Buch zu schreiben. Über die Tricks, mit denen euch das System abzockt. Und darüber, wie ihr zurückschlagen könnt.

Kapitel eins

der traum vom eigenheim

**Der Traum vom Eigenheim in der Peripherie ent-
stand in den USA in den Zeiten von Elvis Presley und
den Beatles. Von dort kam er nach Europa, und er lebt
weiter, obwohl er längst zum Albtraum geworden ist.
Institutionen, Firmen und das ganze System profitieren davon, nur ihr tut es nicht.**

A. Wie ihr abgezockt werdet

Ezra Koischwitz' Haus in der Nähe von Frankfurt war eines
von denen, die garantiert auch an irgendeiner Stelle eurer
Lebensträume vorkommen: exotisches Badezimmer mit
Jacuzzi und Fußbodenheizung, Wasserbett, englischer Rasen,

winterfester Swimmingpool. Der Fernseher war fast so gut wie ein Kino, und die beiden Autos standen in beheizbaren Garagen.

Nach euren Maßstäben passte sein Lebensstil zu ihm. Er verdiente inklusive Fixum und Prämien je nach Firmenerfolg rund 120.000 bis 160.000 Euro im Jahr. Genug, um sich ein derart prestigeträchtiges Domizil zu leisten, wie er offenbar fand. In seinem Vorort brachte es ihm auch ein entsprechend hohes Ansehen ein.

Zuletzt sah ich ihn, als ich mich mit einem Immobilienmakler im Frankfurter Café Hauptwache traf. Koischwitz wirkte spröde und gestresst wie immer, aber etwas war anders. Er tat so, als würde er mich nicht sehen, was mich noch nicht gewundert hätte. Er verband mich zweifellos mit unerfreulichen Erinnerungen. Ich hatte die Betreuung von Softdog nach der Abwicklung des Einstiegs einem anderen Manager des Fonds überlassen, weil mein Part erfüllt gewesen war. Koischwitz hatte ich danach aus den Augen verloren, ich wusste nur, dass er nicht bei der Firma geblieben war.

Jetzt fiel mir auf, dass er viel zu oft auf sein iPhone starrte, obwohl es die ganze Zeit stumm blieb. Wenig später verließ er das Café, ohne sich mit jemandem getroffen oder etwas bestellt zu haben. Der Fahrer des Taxis, das er gerufen hatte, fand ihn nicht mehr vor. Koischwitz war einfach abgehauen.

»Armes Schwein«, meinte der Immobilienmakler, mit dem ich mich unterhielt, beiläufig.

Ihm war aufgefallen, dass ich Koischwitz' Auftritt verfolgt hatte.

»Sie kennen ihn?«, fragte ich verwundert.

Die meisten Immobilienmakler kannten Koischwitz, denn er versuchte gerade krampfhaft, sein Haus wieder loszuwerden.

»Er kämpft gegen den Privatkonkurs«, sagte der Makler, während er seinen dritten Espresso bestellte.

Nach und nach erfuhr ich die Details. Koischwitz war bei der Finanzierung seines Hauses bis an die Grenzen dessen gegangen, was die Banken gerade noch akzeptierten. Schon wenn seine Bonifikationen etwas niedriger als erwartet ausgefallen waren, hatten ihm die Kreditraten zu schaffen gemacht. In so einer Situation war ihm die »kreative« – und letztlich verhängnisvolle – Lösung für sein Wasserbett eingefallen.

Zu den neuen Eigentümern »seiner« Firma hätte er in dieser Situation besser immer nur Bitte und Danke gesagt. Das Recht, mit einer eigenen Meinung anzuecken, hatte er mit der Unterschrift auf dem Kreditvertrag für sein Eigenheim abgegeben. Die Firmenbilanzen waren zuletzt auch nicht gerade dazu angetan gewesen, sein aufgeblähtes Ego vergessen zu machen.

Trotzdem war er renitent geblieben, entweder aus Selbstüberschätzung, Dummheit oder mangelnder Disziplin. Der Fondsmanager, der die Agenda von mir übernommen hatte, hatte sich jedenfalls als wesentlich dünnhäutiger als ich erwiesen. Nachdem sich der M 6 am Ende doch noch als sauber finanziert herausgestellt hatte, hatte er die Sache mit dem Wasserbett neu aufgekocht und das war's dann für Koischwitz gewesen.

»Was ich mit ihm an Know-how verloren habe, habe ich an Nerven gewonnen«, meinte mein Orbrock-Kollege, als ich ihn später fragte, warum er so brutal gewesen war.

Koischwitz hätte es wissen müssen. Von einem Tag auf den anderen hatte er ohne Job, praktisch ohne Rücklagen und dafür mit einem großen Berg privater Schulden dagestanden.

Ich bin Optimist. Ich arbeite auch gerne mit Optimisten zusammen, und ich halte Optimismus für eine Lebenseinstellung, die in jeder Hinsicht nur nützlich sein kann. Trotzdem habe ich noch nie verstanden, warum ihr, die Mittelschicht, so beharrlich daran glaubt, dass eure Einkommenssituation zumindest immer gleich gut bleibt und sich mit den Jahren tendenziell sogar immer weiter verbessert.

Wie könnt ihr denken, dass in eurem Leben zwanzig oder dreißig Jahre lang nichts passieren wird? Wie konnte sogar Koischwitz das denken, der eigentlich schon die Erfahrung gemacht haben musste, dass ihn seine Wesensart in Schwierigkeiten bringen konnte?

Vor dem Traualtar nickt ihr noch zu den »guten und schlechten Zeiten«, doch bei eurer ökonomischen Lebensplanung kommen dann nur noch die guten vor. Dabei verändert sich die Berufswelt in immer kürzeren Zyklen. Ein

Umbruch jagt den nächsten. Ihr müsst also davon ausgehen, dass etwas passiert, und zwar mehr als einmal in eurem Leben.

Wenn ihr Reserven habt, erlebt ihr dann eine Phase der Veränderung, und euer vordringliches Gefühl ist zum Beispiel Neugierde. Wenn ihr Schulden habt, erlebt ihr einen Albtraum, und euer vordringliches Gefühl ist Panik.

Koischwitz erlebte einen Albtraum.

Es wird ihn kaum getröstet haben, dass es im Grunde auch ohne Jobverlust einer geworden wäre. Denn er hatte sich wie ihr alle beim Kauf seines Eigenheims von persönlichen Vorlieben und Prestigefragen statt von vernünftigen Investmentüberlegungen leiten lassen.

Bei ihm war es der Wunsch gewesen, dort in guten Verhältnissen zu leben, wo er als Kind in ärmlichen gelebt hatte. Das war seine Vorstellung davon gewesen, sich selbst und allen anderen zu beweisen, dass er es geschafft hatte.

Aus eurer Sicht hat er sogar alles richtig gemacht. Er hatte eine rabiate Schale, aber einen braven Kern, und ganz wie ein braver Bürger hatte er den Verhaltensmustern entsprochen, die das System für euch vorsieht: Je mehr ihr verdient, umso teurere Häuser leistet ihr euch.

Dabei träumt ihr von dem Tag, an dem ihr die Schulden endlich los sein werdet. Erst wenn er näher rückt, wird euch klar, dass die Rechnung von Anfang an nie aufgehen konnte.

Koischwitz wäre mit seiner kleinen Villa auch dann der Dumme gewesen, wenn er seinen Job bis zur Rente behalten hätte. Er hätte bis ans Ende seines Berufslebens Bitte und Danke sagen und buckeln müssen, obwohl das seiner Natur überhaupt nicht entspricht. Selbst als alter Mann hätte er nicht viel mehr davon gehabt als einen krummen Rücken.

Bevor ihr ein Eigenheim kauft, rechnet ihr mit Bankern, Immobilienhändlern, selbsternannten Finanzexperten, Freunden und Verwandten zwar wochenlang nach. Zu eindeutigen Erkenntnissen gelangt ihr dabei aber nie, weil ihr genau wie eure Berater dafür zu sehr unter Gruppenzwang steht.

Dabei wäre die Rechnung denkbar einfach. Ein Beispiel:

Kaufpreis Eigenheim .... 240.000 €
Nebenkosten und Möbel .... 60.000 €
Gesamtsumme .... 300.000 €
Anzahlung .... 50.000 €
Kredithöhe .... 250.000 €
Jährliche Kreditrate (20 Jahre Laufzeit) .... circa 20.000 €
Jährliche Erhaltungskosten .... 7.000 €
Jährliche Gesamtbelastung .... 27.000 €
Nötiger Bruttoverdienst .... circa 50.000 €

Für ein durchschnittliches Eigenheim auf Pump müsst ihr also mehr als viertausend Euro brutto monatlich verdienen, und zwar zwanzig Jahre lang. Ob euer Haus ein bisschen teurer oder ein bisschen billiger ist oder euer Einkommen ein bisschen höher oder niedriger, tut nichts zur Sache. Das

System sorgt dafür, dass euer Haus nach Möglichkeit zwei Kriterien entspricht:

1. *Wenn ihr brav im Hamsterrad strampelt,*
   könnt ihr es euch gerade noch leisten.
2. *Wenn ihr ein paar Fehler macht, könnt ihr*
   es euch gerade nicht mehr leisten.

Man muss nicht in Harvard Mathematik studiert haben, um zu erkennen, dass ihr mit dieser Anschaffung euer Leben und eure Freiheit verpfändet. Und dass ihr keinen Spielraum habt, wenn etwas schiefgeht.

Wie den meisten von euch kam Koischwitz diese bittere Einsicht aber erst, als etwas schiefgegangen war. Als er versuchte, das Haus zu verkaufen, nachdem er gefeuert worden war und sich ausrechnen konnte, dass er praktisch ohne Einkommen nicht länger als ein paar Monate über die Runden kommen würde.

Er wollte wenigstens so viel für die schmucke Villa seiner Träume bekommen, dass er eine kleine Wohnung anzahlen und den Umzug finanzieren konnte. Er dachte, das müsste funktionieren. Immerhin zahlte er schon eine ganze Weile brav seine Raten. In den guten Zeiten hatte er das Haus deshalb als kleine Reserve für den schlimmsten Fall betrachtet.

Genau nachgerechnet hatte allerdings auch er nie, und jetzt taten es die Makler für ihn. Die schüttelten nur bedauernd den Kopf. Einfamilienhäuser in der Peripherie sind schon bei guter Konjunktur als Geldanlage wenig interessant, bei schlechter sind sie es umso weniger. Dazu kommt, dass spezielle Einrichtungen wie ein Einbauschrank vom Tischler oder orangefarbener Marmor im Badezimmer, für die ihr hohe Summen ausgebt, die Verkaufschancen sogar mindern. Ein Käufer, der nicht zufällig den gleichen Geschmack hat, muss so etwas mühsam herausreißen und ersetzen lassen.

Bei dem Preis, den mein Maklerfreund Koischwitz geboten hätte, hätte er keinen Cent herausbekommen. Im Gegenteil: Er wäre auf einem stattlichen Schuldenberg sitzen geblieben. Und es war noch eines der besseren Angebote gewesen.

Koischwitz konnte nicht darüber verhandeln, wie viel ihm nach Aufgabe seines Hauses bleiben würde, sondern bestenfalls darüber, wie viel er zahlen musste, um es loszuwerden. Verkaufen bedeutete für ihn, weiter Schuldendienst zu leisten, und zwar für eine Immobilie, die er dann nicht einmal mehr benutzen konnte.

Dabei hatte Koischwitz sogar noch Glück gehabt. Er hatte auf Tilgungsträger, Fremdwährungskredite und andere Finanzprodukte verzichtet.

Derlei lasst ihr euch aufschwatzen, wenn euch irgendein Bauchgefühl sagt, dass die Rechnung mit dem Eigenheim trotz aller Empfehlungen nicht richtig funktioniert. Dann denkt ihr: Aber wie machen es all die anderen? Wieso können es sich alle anderen leisten? Die verdienen doch auch nicht mehr. Eure Finanzberater antworten darauf: Sie machen es mit Hilfe von Tilgungsträgern und Fremdwährungskrediten.

Sie verschweigen euch dabei geflissentlich, dass ihr damit automatisch zu Börsenzockern werdet, und zwar auf einer Ebene, die für Laien viel zu komplex und deshalb völlig unkalkulierbar ist.

Mit Finanzprodukten wie Tilgungsträgern agiert ihr, die viel beschworenen konservativen Anleger, wie Hedgefonds, weil ihr mit Geld spekuliert, das ihr gar nicht habt.

Die Berater machen euch solche Tilgungsträger als Ei des Columbus für den Schuldendienst schmackhaft. Statt zur Tilgung des Kredits investiert ihr dabei die Raten einfach in ein Anlageprodukt, das dann kontinuierlich im Wert steigen soll, bis der Kredit wie durch ein Wunder vorzeitig getilgt ist.

Aber richtige Wunder gibt es in der Wirtschaft nicht und von den scheinbaren profitieren immer andere, selten ihr, die Mittelschicht. Deshalb haben auch Tilgungsträger einen großen Haken: Wenn die Börsen einbrechen, wird das offene Kreditvolumen wie durch ein Wunder größer statt kleiner.

Als ich einmal in Frankfurt ein Taxi nahm, erschien mir der Fahrer besonders eloquent und gebildet. Als ich deshalb nachfragte, teilte er mir mit, dass er Beamter sei und nur an den Wochenenden Taxi fahre. Ich nahm an, dass es ihm Spaß mache und fragte, was er an dem Job schön finde.

»Schön?«, sagte er. »Ich hatte einen Tilgungsträger im Finanzierungsplan für mein Haus. Der hat sich in die falsche

Richtung entwickelt.« Er fuhr in seiner Freizeit Taxi, um trotzdem noch seine laufenden Kosten decken zu können und zu essen und zu trinken zu haben. Der Mann hatte über seinen Tilgungsträger indirekt Fonds des US-Milliardenbetrügers Bernard Madoff gezeichnet, die sich später als Luftblasen herausgestellt hatten.

Die Berater, die euch derlei einreden, verdienen dabei in jedem Fall. Auch dann, wenn das Investment für euch einen bitteren Verlauf nimmt. Wenn euch zum Beispiel ein Tilgungsträger zu sehr ins Minus reißt, verlangen die Banken einfach weitere Sicherheiten, Nachschüsse oder sie pfänden das Haus. Im schlimmsten Fall sitzt ihr dann ohne Bleibe und mit einem Haufen Schulden da, auch ohne dass ihr euren Job verloren habt.

Jetzt denkt ihr vielleicht, dass so etwas dann Pech ist und dass Pleiten wie die von Koischwitz und die des Taxifahrers zu den Risiken des Lebens gehören, mit denen man als erwachsener Mensch eben umzugehen hat. Wie Autounfälle, Einbrüche oder der Dachziegel, der einem auf den Kopf fallen kann.

Aber das stimmt nicht. So etwas kann nicht jedem passieren. Es kann nur euch passieren.

Nur ihr werdet mit Immobilien planmäßig abgezockt. Denn arme Menschen kaufen erst gar keine, und Reiche können sich welche in Gegenden leisten, in denen die Wahrscheinlichkeit, dass eine Immobilie in zwanzig Jahren an Wert gewonnen oder zumindest noch den gleichen wie jetzt hat, besonders hoch ist. Wer am Starnberger See bei München, am Frankfurter Lerchesberg, in Bad Homburg, Berlin Grunewald oder an den guten Adressen der Wiener Stadtteile Hietzing und Döbling kaufen kann, verbucht mittel- und langfristig fast immer einen Wertzuwachs.

In Krisenzeiten sinken die Immobilienwerte in manchen Städten zwar auch in den teuren Lagen, aber um viel weniger als in den billigen. Davon konnte ich mich zuletzt in London überzeugen. Zuerst spazierte ich die Park Lane hinunter, dann von Mayfair über Kensington und Notting Hill nach Holland Park. Unterwegs erkundigte ich mich in ein paar Maklerbüros, was sich in der Branche so tat.

Das Ergebnis: Alle Londoner Immobilienpreise waren in der Wirtschaftskrise stark gefallen. Aber in den guten Lagen, etwa in Kensington oder Mayfair, waren sie nur um fünfzehn Prozent gefallen, in Brixton, Clapham und anderen obskuren Gegenden hingegen um fünfundzwanzig bis vierzig Prozent.

In London kristallisierte sich dieser Unterschied besonders deutlich heraus. Die deutschen und österreichischen Immobilienpreise blieben auch in Krisenzeiten relativ stabil, vor allem, weil sie in den Jahren davor nicht so stark gestiegen waren. Aber auch hier stellt sich bei einem Eigenheim in der Peripherie immer die Frage, ob es seinen Wert behalten wird.

Wer kauft in ein paar Jahren noch ein Haus in Hanau, in Offenbach oder in Sulz im Wienerwald? Ich denke zum Beispiel an die Häuser entlang der Wiener Triester Straße.

Das waren auch einmal Traumhäuser der Mittelschicht. Und jetzt? Wer sie kennt, der weiß, was ich meine. Ohne die Menschen beleidigen zu wollen, die dort leben: Das ist wirklich furchtbar. Und ihr empfindet das heute genauso.

Vor allem die Vororte könnten in Zukunft dramatisch an Beliebtheit verlieren. Weil die Zahl der Single-Haushalte und der allein erziehenden Mütter wächst, zieht es immer mehr Menschen in die Städte. Dazu kommt die steigende Energieproblematik mit immer höheren Ausgaben für die täglichen Wege. Von der Umweltbelastung, die auf diese Art entsteht, ganz zu schweigen.

Irgendwann werdet ihr zudem zu begreifen beginnen, wie idiotisch es ist, durchgerechnet ein Zehntel eurer Lebenszeit damit zu verbringen, fünf Tage die Woche morgens und abends unter beträchtlichem Aufwand an Nerven und Kosten im Stau zu stehen oder euch in enge Züge zu zwängen, um zur Arbeit zu fahren. Es ist tatsächlich ein Zehntel:

Woche gesamt .... 168 Stunden
Durchschnittliche Schlafzeit .... 56 Stunden
Duschen, Anziehen, Frühstücken usw. .... 12 Stunden
Frei verfügbare Zeit .... 100 Stunden
Durchschnittliche Fahrzeit aus der Peripherie
zum Job und zurück .... 10 Stunden

Es gibt natürlich Fälle, in denen die Rechnung mit dem Eigenheim auf Pump aufgeht. Das Haus meiner Eltern in

Maria Enzersdorf bei Wien zum Beispiel hat in den vergangenen zwanzig Jahren an Wert gewonnen. Es war also kein schlechtes Geschäft für sie, aber da war eine Menge Glück dabei. Sie haben sich mehr oder weniger zufällig für eine Gegend entschieden, die sich dann positiv entwickelt hat.

Richtig glücklich waren trotzdem auch sie nicht, als das Haus eines Tages abbezahlt war. Sie hatten es sich buchstäblich vom Mund abgespart. Immer nur ein kleines altes Auto, keine Urlaubsreisen, keine neuen Kleider, nichts von dem, wofür Menschen gerne ihr Geld ausgeben. Keine spontanen Investments in die Lebensqualität, ins Glück.

Wenn ich meine Eltern besuche, betrachte ich das Haus manchmal und denke: Es hat einen unwiederbringlichen Teil ihres Lebens verschlungen. Und dann frage ich mich immer, warum trotzdem so viele von euch in diese Falle tappen.

Der Traum vom Haus mit Garten auf Pump entstand in den USA, in der Zeit von Elvis Presley, als so etwas noch niemand hatte und die Straßen noch leer waren. Damals war das cool. Von Amerika aus breitete er sich in Europa aus. Dass er noch immer lebt, liegt vor allem daran, dass euch von klein auf beharrlich eingeredet wird, ein Eigenheim wäre die größte und wichtigste Anschaffung eures Lebens.

Ihr hört es in der Schule, von den Banken und Finanzdienstleistern, von der Immobilienwirtschaft und von eurem Umfeld – bis ihr es euch selbst einredet. Die meisten von denen, die es euch einreden, profitieren davon. Nur ihr tut es nicht.

Das System definiert den Kauf eines Eigenheims als
euer höchstes wirtschaftliches Ziel. Damit verhindert
es, dass zu viele von euch zu hoch hinaus wollen.

Für das System ist es bequem, wenn es selbst euer höchstes wirtschaftliches Ziel definieren kann. Es verhindert, dass allzu viele von euch hoch hinaus wollen. Es reduziert die Konkurrenz für die Reichen und Mächtigen von unten. Es macht euch leichter steuer- und kontrollierbar.

Was es bedeuten würde, wenn Menschen ihre Ziele selbst festlegen würden, belegt eine Umfrage unter Absolventen der Harvard Business School, bei der sie nach ihren persönlichen beruflichen Zielen gefragt wurden. Das Ergebnis: Bloß sechzehn Prozent hatten eigene Ziele definiert. Nur vier Prozent hatten diese Ziele auch schriftlich festgehalten. Das gemeinsame Jahresbruttoeinkommen dieser kleinsten Gruppe war genauso hoch wie das der vierundachtzig Prozent ohne festgelegtes Ziel.

Wenn ihr entsprechend den Vorgaben des Systems die Anschaffung eines Eigenheimes als höchstes ökonomisches Ziel akzeptiert, werdet ihr am Ende vielleicht dieses Eigenheim haben – und euer Leben lang Schulden. Ihr werdet euer Leben lang Schuldendienst leisten und treue Diener des Systems sein. Niemanden wird es kümmern, dass ihr davon nichts als Rückenschmerzen und depressive Verstimmungen habt. Denn das System dankt es euch nicht. Euer Lohn besteht darin, dass ihr euer Eigenheim eines Tages euren Kindern hinterlassen könnt, die es wahrscheinlich gar nicht haben wollen. Ihr könnt in der Rente vielleicht noch ein Umkehrdarlehen darauf aufnehmen, um euch den Lebensabend etwas zu verschönern. Bei so einem Darlehen zahlt euch die Bank ein Viertel oder ein Drittel des Immobilienwertes aus, und zwar in Form eines Kredites, der ausläuft, wenn ihr tot seid. Dann schnappt sie sich die Immobilie – und Amen.

Im Grunde sagen euch die Banken von Anfang an die ganze Wahrheit, bloß hört ihr nicht genau genug hin. Wenn eine Bank eine Immobilie nur mit fünfzig Prozent ihres Kaufpreises beleihen will, dann müsstet ihr doch eigentlich aufhorchen. Damit sagt sie euch, dass sie nicht so werthaltig ist, wie ihr vielleicht vermutet, dass ihr sie also zu teuer kauft oder ihre weitere Wertentwicklung fraglich ist. Die Banken sind nicht böse. Dort sitzen erfahrene Leute. Wenn ich eine Immobilie finanziere und die Bankleute kommen in ihrem Gutachten zu dem Schluss, dass die Beleihung unterhalb von achtzig Prozent liegt, dann schrillen bei mir alle Alarmglocken. Dann überlege ich mir noch einmal sehr genau, ob ich die Immobilie wirklich kaufen will.

Aber Nachrechnen ist unbequem. Am Stammtisch über die Banken zu schimpfen und sich in die eigene Tasche zu lügen, ist einfacher. Vor allem, wenn man unter dem unheilvollen Zwang steht, einem gesellschaftlichen Muster entsprechen zu müssen. Selbst jene von euch, die an der Quelle der Informationen sitzen, sind vor dieser Falle nicht sicher.

Der Makler, mit dem ich Koischwitz' ökonomische Tragödie durchgerechnet habe, hat für sich selbst, seine Frau und seine Tochter ebenfalls ein Haus in der Nähe von Frankfurt gekauft. Es ist hübsch, aber die Gegend ist nicht besonders gut, die Verkehrsanbindung ist sogar schlecht. Seine Frau mag es, aber das Ganze ist nicht werthaltig.

Gekauft hat er es, genau wie die beiden Autos, die sie jetzt für die tägliche Fahrt zum Job brauchen, auf Kredit. Er ist vierzig, hat graue Haare und einen Hang zur Gastritis. So müde wie bei unserem Treffen im Café Hauptwache sieht er eigentlich immer aus. Weil er sehr viel rennen muss und buckeln und beten, dass er genug Abschlüsse bringt, um bei der Firma bleiben zu dürfen.

Vor Kurzem hat er sich einen Fernseher gekauft, für dreitausend Euro, ebenfalls auf Kredit. Vor den kann er sich jetzt legen, wenn er abends aus dem Verkehrsstau heimkommt, weil er für alles andere zu erschöpft und zu frustriert ist.

Wenn ihr trotzdem unbedingt ein Eigenheim kaufen wollt und bereit seid, sehr viel dafür zu opfern, dann tut es. Dann müsst ihr euch allerdings überlegen, ob das wirklich euren persönlichen Wertigkeiten entspricht. Ich glaube nämlich, dass die meisten von euch viel zu wenig über diese Frage nachdenken. Zum Beispiel habe ich immer gefunden, dass ein englischer Rasen überhaupt nicht zu einem grobschlächtigen Typen wie Koischwitz passt. Er versuchte Verhaltensmustern gerecht zu werden, aber nicht seinen persönlichen Vorlieben.

Das ist das Problem. Das System drängt euch Dinge auf, und ihr denkt gar nicht darüber nach. Ihr fallt darauf herein – bis in den Privatkonkurs.

B. Wie ihr zurückschlagt

Ich benutze als privates Büro ein Appartement im Herzen der Wiener Innenstadt. Vom Salon aus fällt der Blick hinüber zum Stephansdom. Wenn ich die Glastür zu dem kleinen Balkon öffne, sehe ich die Straßenmusiker und Gaukler in der Fußgängerzone. Das Appartement liegt ganz oben, ist etwa hundertfünfzig Quadratmeter groß und bei Firmenfeiern haben hundertzwanzig bis hundertfünfzig Gäste darin Platz. Fast alle verweilen ein paar Augenblicke an der Glastür und staunen über den Ausblick. Ich stelle mich noch immer gerne zu ihnen, um ihn selbst zu genießen.

Ich bezahle dort Miete und halte mich damit an die Grundregel für den intelligenten Umgang mit Immobilien:

> *Wohne zur Miete: Für den Eigenbedarf ist Mieten fast immer billiger und unkomplizierter.*

> *Kaufe als Investment: Wer als reines Investment kauft, kann nüchterne wirtschaftliche Kriterien anlegen.*

Für das Appartement in Wien zahle ich rund zweitausend Euro Monatsmiete, alles inklusive. Ganz billig ist das nicht, aber es ist angesichts der Größe und dieser Lage auch nicht sehr teuer.

Wenn ich das Appartement kaufen würde, müsste ich dafür rund 1,5 Millionen Euro hinlegen. Mit den vier- bis fünfhunderttausend Euro, die ich dafür benötigen würde, kann ich ungefähr vierzig kleine Wohnungen anzahlen. Und wenn die Mieter diese Wohnungen nach zehn bis zwanzig Jahren abbezahlt haben, werfen sie für mich ein passives Einkommen ab.

Auf die Art, als reines Investment also, habe ich mir bisher fünfundvierzig Wohnungen gekauft, und in absehbarer Zeit will ich auf mehr als hundert kommen. Die meisten davon liegen in Frankfurt, einige in Wien und demnächst kommt die erste in Wiesbaden dazu. Wiesbaden ist eine gute Stadt mit zahlungskräftigen Bürgern.

Für euren eigenen Bedarf kauft ihr ein Haus oder eine Wohnung mit hundertzwanzig bis hundertfünfzig Quadratmetern, damit eure Kinder genug Platz haben. Ihr entscheidet euch für eine Gegend, die euch vertraut oder besonders sympathisch ist, von der es nicht weit zu den Schulen eurer Kinder ist oder zu euren Schwiegereltern, die immer zum Babysitten kommen.

Ökonomisch vernünftig ist das selten. Denn bei Immobilien ist es so wie bei Uhren oder Autos: Es gibt Uhren, und es gibt Rolex. Es gibt Autos, und es gibt Mercedes.

Eine Rolex und einen Mercedes erkennt jeder, überall auf der Welt. So etwas lässt sich in Istanbul oder Tirana genauso verkaufen wie in Moskau, Tokio oder New York. Die liquidesten Assets am Immobilienmarkt sind gute Stadtlagen mit ein bis drei Zimmern, möglichst in der Nähe einer U-Bahn-Station, einer Universität oder eines Krankenhauses, und zwar in einer ordentlichen Stadt, also zum Beispiel nicht in Detroit, wo gerade alles kaputt geht.

Solche Wohnungen sind immer gefragt. In einer Stadt mit positiver Entwicklung behält eine gut gelegene Wohnung immer zumindest ihren Wert. Auch die Banken sehen das so. Sie gewähren bei solchen Investitionen achtzig bis neunzig Prozent Beleihung bei entsprechender Bonität.

Ich kaufe immer nach den gleichen Kriterien. Die Lage muss gut sein und die Bausubstanz in Ordnung. Ich zahle zehn bis fünfzehn Prozent und die Nebenkosten aus eigenen Mitteln, den Kredit für den Rest muss der Mieterlös decken.

Derzeit werfen meine Wohnungen miteinander jährlich circa zweihunderttausend Euro an Mieterlösen ab. Wenn ich zweiundvierzig bin, werden die ersten komplett abbezahlt sein. Wenn ich fünfzig bin, bleiben mir die zweihunderttausend in voller Höhe. Dann werden diese Wohnungen meinen Aston Martin, meine Sekretärin und alle möglichen anderen Dinge bezahlen.

Ich erinnere mich an die Warnungen meines Vaters, als ich meine allererste Wohnung kaufte: Du musst dich um defekte Duschen und Wasserrohrbrüche kümmern, die Mieter werden dir das Geld schuldig bleiben, du wirst monatelange Leerstände haben ...

Das ist alles Unfug. Und wenn es manchmal Schwierigkeiten gibt, gehören die eben dazu. Vor Kurzem rief mich eine Hausverwalterin in Panik an und behauptete, aus einer meiner Wohnungen würden seltsame grüne Tiere kriechen. Es klang wirklich wie aus einem Horrorfilm. Ich nahm von Berlin aus die nächste Maschine nach Frankfurt, um im Treppenhaus eine Schildkröte zu entdecken. Sie war einem meiner Mieter entkommen.

Ein anderer Mieter bleibt regelmäßig die Miete schuldig, mit der Begründung, sein Bett sei schon wieder zusammengebrochen. Weil ich die Wohnung möbliert vermiete, bin ich dafür zuständig. Ich unterhalte mich mit dem äußerst beleibten Mann dann darüber, was er denn im Bett so tut, weil es ja eigentlich ziemlich stabil ist.

Aber im Prinzip kümmern sich um solche Dinge Hausverwaltungen. Natürlich muss man trotzdem dahinter sein und Druck machen. Aber das ist nicht nur bei Immobilieninvestments so. Man muss bei allem, das man tut, dahinter sein, sonst funktioniert es nicht. Dafür funktioniert es umso besser, je mehr man dahinter ist. Während mich mein Vater vor nur siebzig Prozent oder noch weniger Vermietungsgrad gewarnt hatte, komme ich auf fast hundert.

Mit dem Geld, das ihr in eure Eigenheime pumpt, könntet ihr ein richtiges kleines Vermögen aufbauen. Um auf das obige Rechenbeispiel zurückzukommen:

50.000 € Anzahlung reichen für mindestens drei kleine Wohnungen.

15.000 € Jahresmiete reichen für eine schöne Wohnung oder ein schönes Haus.

12.000 €, die gegenüber der monatlichen Belastung durch ein Eigenheim auf Pump noch immer übrig bleiben, reichen als Anzahlung für eine weitere kleine Wohnung pro Jahr.

Wenn ihr mit fünfzigtausend Euro Anzahlung ein Eigenheim im Wert von zweihundertvierzigtausend Euro kauft, habt ihr nach zwanzig Jahren dieses Eigenheim, und es ist ungewiss, wie viel es dann noch wert sein wird.

> *Wenn ihr die gleiche Summe intelligent in Immobilien investiert, habt ihr nach zwanzig Jahren drei Eigentumswohnungen, die ein passives Einkommen abwerfen, mindestens ein Dutzend weitere Wohnungen, die eure Mieter gerade abzahlen, und darüber hinaus die ganze Zeit über sehr gut gewohnt.*

Meine Freundin Donja zahlte mit ihren Ersparnissen und einer kleinen Unterstützung ihres Vaters eine günstige kleine Stadtwohnung an. In Summe brauchte sie dafür fünfzehntausend Euro. Sie dachte gar nicht daran, ihre Mietwohnung, in der sie sich wohlfühlte, zu verlassen. Sie machte die Kreditzinsen für die Vorsorgewohnung steuerlich geltend und ihr Mieter, ein Kollege von ihr, tilgt für sie den Kredit. Wenn Donjas kleine Tochter Theresa zweiundzwanzig Jahre alt sein wird, wird die Wohnung schuldenfrei sein.

> *In der eigenen Wohnung zu wohnen, rechnet*
> *sich nur dann, wenn die Kreditrate niedriger ist*
> *als die Nettomiete. Das ist selten der Fall.*

Auch viele sehr reiche Menschen wohnen zur Miete und kaufen gleichzeitig als Investment. Villen in tollen Lagen sind mit etwas Geschick auch schon für zwei- bis dreitausend Euro Monatsmiete zu haben. Mein Freund Alexander Hagelüken, der eine erfolgreiche Spedition sein eigen nennt und gerne Immobilien kauft und entwickelt, macht es so. Er besitzt weit mehr als hundert Wohnungen, dazu mehrere Häuser und einige Gewerbeimmobilien. Trotzdem lebt er mit seiner Frau und seinen beiden Söhnen in einer Villa zur Miete. Er ist vierundfünfzig Jahre alt, aber sehr fit. Bei einem gemeinsamen Skiausflug im vergangenen Winter schaffte er achttausend Höhenmeter an einem Tag. Er hat Spaß an seinem Leben. Er ist nicht todmüde, wenn er heimkommt. Er arbeitet wahrscheinlich sogar mehr, als ihr im Hamsterrad, aber er hat am Abend trotzdem noch andere Ideen, als vor dem Fernseher abzuhängen.

Er ist frei, und das macht den Unterschied.

Kapitel zwei

die abzocke der kleinanleger

Das System hat kein soziales Gewissen. Es holt sich nicht so viel, wie ihr verschmerzen könnt. Es holt sich so viel wie möglich.

A. Wie ihr abgezockt werdet

Ich ging gerade auf der New Yorker Fifth Avenue spazieren, als mich der Hilferuf eines früheren Orbrock-Kollegen erreichte. Der Mann hieß Julian Meißner und bat mich um dreißigtausend Euro. Er sei im Moment in Monaco, und wenn er das Geld nicht bald bekäme, sei er pleite.

Meißner war einer von diesen Typen, die immer irgendwo mit ihren Handys oder Laptops lehnen und Deals einfädeln, ohne dass je ganz klar wird, auf wessen Kasse sie arbeiten und was sie sonst noch alles tun. Mit der guten Konjunktur schwimmen sie nach oben, und wenn die Börsenkurse wieder fallen, fallen sie mit.

Bei Orbrock war er gefeuert worden, oder, wie er selbst es ausdrückte, es hatte ihm dort keinen Spaß mehr gemacht. Ich fand das gut so. Ich hatte immer gefunden, dass einer wie er nicht auf Investoren losgelassen werden sollte. Denn Ehrlichkeit, Verlässlichkeit und Sachverstand gehörten nicht zu seinen Tugenden. Seine einzige Stärke lag im Verkauf: Er konnte den Leuten alles einreden.

Ich helfe Menschen gerne, und ich will nicht jedes Mal gleich eine Firmenbeteiligung, wie ich sie im Fall der Busjungs anstrebte. Zum Beispiel habe ich Koischwitz trotz allem einen Job verschafft, und zwar bei einer Firma in Hannover, die sich auf Tradingsoftware spezialisiert hat. Definitiv keinen Sinn macht es für mich aber, jemandem wie Meißner, der eindeutig nicht mit Geld umgehen kann, Geld zu geben. Die einzige Folge wäre, dass er am Ende neben seinen übrigen Problemen auch noch die Schulden bei mir hätte, und ich bin kein besonders angenehmer Gläubiger.

Wenn mir jemand Geld schuldet, fordere ich ihn freundlich auf, es zu bezahlen. Tut er es nicht, treibe ich es mit hohem Aufwand an Kreativität und Nachdruck ein. Ich will nicht den Eindruck erwecken, dass ich mich prellen lasse, und sei die Summe auch noch so klein. Als zum Beispiel mein Honorar für die Vermittlung von Koischwitz als

Geschäftsführer nach drei Wochen noch immer nicht überwiesen war, fuhr ich unangemeldet höchstpersönlich zu der Firma und fragte, wo es bliebe. Dass die Summe nicht die Welt bedeutete, machte keinen Unterschied. Es ging ums Prinzip.

Mir wäre es auch logistisch gar nicht möglich gewesen, Meißner zu helfen. Von New York aus konnte ich seine Sicherheiten nicht prüfen und schon gar nicht physisch in Besitz nehmen. Wenn jemand Geld von mir ausborgen will, und er hat eine Rolex, dann kläre ich beim Juwelier, ob sie echt ist, nehme sie an mich, gebe ihm einen Darlehensvertrag mit entsprechender Verzinsung und einem Volumen von siebzig Prozent des Wertes, und wenn er nicht bezahlen kann, behalte ich die Uhr.

Klingt das hart? Banken machen es genauso. Sie nehmen eure Sicherheiten, und wenn ihr nicht zahlen könnt, pfänden sie diese.

Ich gab Meißner jedenfalls einen Korb, und als ich ihn das nächste Mal sah, fuhr er einen VW Touran. Er behauptete, dass er seinen Ferrari in Monaco stehen lassen hatte, weil er dringend nach Frankfurt musste, aber ich glaubte ihm kein Wort. Wer sich einen Ferrari leisten kann, geht im Zweifelsfall lieber zu Fuß, als mit so einer Schuhschachtel aufzukreuzen.

»Beratung«, sagte er geheimnisvoll, als ich ihn fragte, was er jetzt mache.

Ich hakte nicht nach, weil ich sicher war, nur Unsinn zu

hören zu bekommen. Etwas später erfuhr ich, dass er tatsächlich seit mehreren Monaten im Beratungsgeschäft tätig war. Allerdings nicht in dem großen Stil, den er anzudeuten versucht hatte. Er beriet jetzt als freier Mitarbeiter eines Finanzdienstleisters Kleinanleger.

Das heißt: Nachdem Meißner mit seiner eigenen Anlagestrategie gescheitert war, nachdem sich herausgestellt hatte, dass sein Können für den Finanzmarkt einfach nicht ausreichte, dass es ihm unter anderem an Vertrauenswürdigkeit und Durchblick mangelte, nachdem für ihn alle Stricke gerissen waren, wurde er auf euch losgelassen. Für ihn selbst war das vermutlich sogar ein Glücksfall, denn er konnte sich endlich auf das konzentrieren, worin er wirklich gut war: jemandem etwas einzureden, egal was.

Für euch war die Tatsache, dass er jetzt mit eurem Geld spielen konnte, auch nicht so schlimm, wie sie sich anhört. Unter den Vermögensberatern, mit denen ihr es zu tun bekommt, ist ein Typ wie Meißner vermutlich noch einer von den Qualifizierten. Denn das System verlangt euren Vermögensberatern die genannten Qualifikationen gar nicht ab. Ihre Aufgabe besteht einfach darin, euch unabhängig von jeder ökonomischen Vernunft jene Dinge einzureden, die Fondsgesellschaften und Versicherungen gerade verkaufen wollen. Die Art von Überzeugungsgabe, die dafür nötig ist, lässt sich am besten in Callcentern beim Verkauf von Zeitschriftenabos oder als Anzeigenkeiler erlernen. Das Fachwissen erwerben eure Berater im besten Fall in

Crashkursen, die meistens nicht einmal den vollen Inhalt der Prospekte, die sie euch auf den Tisch legen, abdecken. Selbst die Spitzenleute der bekannten Finanzdienstleistungsfirmen sind in Anlagefragen nicht wirklich sattelfest. Ich selbst berate den Geschäftsführer eines solchen Unternehmens bei der Veranlagung der Millionen, die sein Beraterheer mit euch erwirtschaftet. Ist euch zum Beispiel noch nie aufgefallen, auf wie viele Fragen euer Berater immer die gleiche Antwort hat? »Das ist derzeit das beliebteste Produkt«, lautet sie, oder: »Das machen jetzt alle so.«

Ist es nicht eigenartig, wie sehr euch dieser simple Satz in Sicherheit wiegt? Die fadenscheinigen Sachargumente, die eure Geldexperten noch hinterher schicken, sind euch dann schon ziemlich egal.

Eure Form der privaten Geldanlage folgt damit zwei Grundmustern:

> 1. *Ihr investiert immer dort, wo es euch vom System über Werbung, die Geldmagazine und die Boulevardpresse gerade nahegelegt wird.*

> 2. *Ihr verliert damit euer Geld, weil die meisten dieser Informationsquellen genau das Gegenteil von dem empfehlen, was wirklich angebracht wäre.*

Das System sorgt auf diese Art dafür, dass am Kapitalmarkt wenige viel verdienen und viele nichts.

In der Finanzkrise zum Beispiel wurdet ihr gnadenlos abgezockt. Ihr habt an den Börsen Geld verloren, und zwar schmerzhaft viel. Ihr dachtet, dass das Schicksal war. Dass eben alle verloren haben. Die Großen wie die Kleinen, die Schlauen wie die Dummen, alle eure Kollegen, eure Nachbarn und deshalb auch ihr selbst.

Aber es war nicht einfach nur Pech. Das System hatte zuvor massive Fehlinformationen generiert, auf die ihr kollektiv hereingefallen seid. Und es waren nicht einmal neue Fehlinformationen. Ihr seid auf genau die gleichen auch schon davor hereingefallen.

> *Die eine Hälfte dieser Fehlinformation besteht darin,*
> *dass euch immer geraten wird, Aktien und Fonds*
> *genau dann zu kaufen, wenn sie am teuersten sind.*

Kurz vor Ausbruch der Finanzkrise war ich bei einer Charity-Gala in Bayern. Dort war ein Glücksrad aufgestellt, an dem drehen durfte, wer das richtige Los gekauft hatte. Ich schaffte es, und als ich drehte, gewann ich eine kostenlose Beratung durch einen Mitarbeiter einer prominenten Finanzberatungsfirma, die mit einem hübschen Kiosk vor Ort war. Natürlich löste ich meinen Gewinn ein. Ich war einfach neugierig.

Der Mann, der, wie ich herausfand, früher als Barkeeper und als Musiker gearbeitet hatte, empfahl mir nach kurzem Gespräch Aktien einer Immobiliengesellschaft, die ich zu den damals aktuellen Kursen auf gar keinen Fall gekauft hätte.

»Das Unternehmen ist im Vergleich zu den Immobilien, die es besitzt, an der Börse um vierzig Prozent überbewertet«, wandte ich ein.

Für mich war das ein sehr überzeugendes Argument. Ich konnte keinen Grund dafür finden, weshalb eine Immobilienfirma wertvoller als ihre Immobilien sein sollte. Immobilien können schließlich keine Kinder bekommen und sich vermehren.

Der Berater sah mich verständnislos, beinahe vorwurfsvoll an, als hätte das eine mit dem anderen rein gar nichts zu tun. Er sah mich an wie einen, mit dem man Geduld haben musste, weil er nichts kapierte.

»Glauben Sie mir«, sagte er. »Alle kaufen diese Papiere jetzt. Schauen Sie sich die Kursentwicklung allein der vergangenen vier Monate an. Da hätten Sie ihr Kapital schon fast verdoppeln können.«

Eure Finanzberater wissen ganz genau, worauf ihr hereinfallt. Sie sagen euch, was ihr hören wollt, und es macht die Sache um nichts besser, dass die meisten von ihnen vermutlich selbst daran glauben. Als läge es nicht in der Natur der Sache, dass gerade am Finanzmarkt immer genau das falsch ist, was alle tun. Der Umstand, dass die Kurse zuletzt stark gestiegen sind, besagt nur, dass es irgendwann einmal Anleger gegeben hat, die gegen den Strom geschwommen sind und dabei gut verdient haben. Wenn ihr kauft, wenn der Kurs schon oben ist, gehört ihr nicht mehr dazu.

*Wenn Finanzberater aufsteigende Kurven zeigen,
ist es meistens zum Einsteigen schon zu spät.
Das Geld wurde schon von anderen verdient.*

Das Spiel läuft so: Wenn die Kurse ganz oben sind, hört ihr überall, dass der Einstieg jetzt sicher ist. Dann wird euch weis gemacht, dass jetzt auf die Schnelle das große Geld zu verdienen ist, und ihr seid tatsächlich naiv genug, diesen Unfug zu glauben.

Je höher die Kurse steigen, desto mehr von euch lassen alle Hemmungen fahren und steigen ein. Fernsehen, Radios, Zeitungen, Finanzdienstleister, Banken, Freunde, Verwandte – überall hört ihr es: Alle verdienen, also verdiene mit. Es ist eine regelrechte Indoktrinierung, die dazu führt, dass ihr jeglichen Hausverstand außer Acht lasst. Wüsstet ihr nicht eigentlich, dass man Dinge dann kaufen soll, wenn sie billig sind, und nicht dann, wenn sie gerade am teuersten sind? Der Gruppenzwang ist stärker als die simpelste logische Überlegung.

Als es beim Ausbruch der Finanzkrise schließlich kam, wie es kommen musste, und ihr mehr denn je verloren habt, dachtet ihr, wir Investmentbanker seien schuld.

*Die zweite Hälfte der systematischen Fehlinformation
besteht darin, dass euch dann, wenn alles
billig ist, empfohlen wird, zu verkaufen.*

Wenn die Börsen abstürzen und die Aktienpreise im Keller sind, wird euch erklärt, dass Aktien riskant und unsicher sind.

Nach Ausbruch der Finanzkrise wurdet ihr vor den gleichen Papieren, die euch ein Jahr davor bei zwanzig Euro noch dringend zum Kauf empfohlen wurden, gewarnt. Und das, obwohl sie jetzt für zwei Euro zu haben waren, obwohl sich in den meisten Fällen weder das Geschäftsmodell noch das Vermögen und teilweise nicht einmal das Rating des Unternehmens geändert hatten.

Nehmt zum Beispiel die Kommerzbanken: Obwohl ihr am Höhepunkt der Finanzkrise deren Aktien plötzlich zu einem Zehntel des Preises aus dem Jahr davor kaufen konntet, wurde euch der Verkauf nahegelegt – obwohl diese Banken inzwischen sogar über Staatsgarantien verfügten.

Oder die Immobilienfirmen: Sobald ihre Kurse ins Bodenlose gestürzt waren, wurden sie für tabu erklärt. Und das, obwohl der Wert ihrer Immobilien jetzt ihren Börsenwert bei Weitem überstieg.

Jeder blutige Anfänger müsste das eigentlich als Sicherheit erkennen. Trotzdem habt ihr, panisch dem Gruppenzwang folgend, verkauft.

Die, die es anders machen, kommen euch wie Kriminelle vor. Aktien kaufen, nachdem die Kurse gerade zusammengebrochen sind? Nüchtern kalkulieren und investieren, wenn am Finanzmarkt Angst und Wut herrschen? Wer das tut, ist für euer Gefühl böse. Ihr betrachtet ihn als Geldhai, als

Spekulanten im schlechtesten Sinn. Denn das System impft euch ein: Korrekt handelt, wer kauft, wenn alles teuer ist, und verkauft, wenn alles billig ist. Ihr weigert euch, das zu durchschauen, weil es so ein heimeliges Gefühl ist, wenn man tut, was alle anderen tun.

Am Finanzmarkt ist das allerdings sauteuer. Denn hier stimmt die Redensart über die Jones mehr als irgendwo sonst:

Everybody wants to be like the Jones, but the Jones are going bankrupt.

Die jüngste Finanzkrise hat die grundsätzlichen Spielregeln des freien Marktes jedenfalls auch nicht ausgehebelt, sondern bestätigt:

> *Man soll kaufen, wenn etwas billig ist.*
> *Man soll verkaufen, wenn etwas teuer ist.*

Ende Februar bis Mitte Mai 2009, als euch stereotyp Sparbücher und Staatsanleihen eingeredet wurden, waren fantastische Monate an der Börse. Man konnte nahezu blind setzen und sein Geld verdoppeln oder verdreifachen. Shoppen war angesagt wie schon lange nicht mehr. Nur ihr seid zu Hause geblieben. Weil ihr gesteuert seid von einer verhängnisvollen Kombination aus Gier und Angst, dem klassischen Spiel:

Wenn alle kaufen, weckt das eure Gier.
Was die anderen haben, wollt ihr auch haben.
Ihr habt Angst, dass ihr etwas verpasst.

Wenn die Kurse fallen, habt ihr Angst, etwas
von dem zu verlieren, das alle haben. Je tiefer die
Kurse fallen, desto panischer verkauft ihr.

Bei eurer Methode der Geldanlage könnt ihr im Internet auf die Kurse eurer Aktien starren und beten, so viel ihr wollt, es wird nichts bringen. Es wird kein Wunder geschehen. Es wird im Gegenteil immer schlimmer für euch kommen. Denn am Kapitalmarkt ist es genau wie im richtigen Leben: Wenn sich einer abzocken lässt, ohne sich aufzuregen, wird er gleich noch einmal abgezockt. Wenn sich viele abzocken lassen, ohne sich aufzuregen, umso besser: Dann werden sie alle gleich noch einmal abgezockt. Und noch einmal und noch einmal, bis sie es verstanden haben oder bis sie pleite sind. Bis es euch, die Mittelschicht, nicht mehr gibt.

Die nächste Falle ist schon aufgestellt: Nachdem ihr teuer gekauft und billig verkauft habt, werdet ihr jetzt mit dem Schlagwort Sicherheit abgezockt. Jetzt komme es auf Sicherheit an, heißt es nun überall. Kauft Garantieprodukte. Legt euer Geld auf die Bank. Das Sparbuch ist wieder groß in Mode. Sicher ist nur, dass euch bei dieser Strategie das Geld, das euch, den Hauptopfern der Finanzkrise, noch geblieben ist, unmerklich zwischen den Fingern zerrinnen wird.

*Wer nach dem Absturz der Kurse auf Sicherheit
setzt, wird als Nächstes Opfer der Inflation.*

Anders als die Reichen, die in Krisenzeiten auf harte Assets
wie Immobilien in guten Lagen, Firmenbeteiligungen, Gold,
Kunst oder Öl setzen können, seid ihr mit den angeblichen
Sicherheitsprodukten hilflos der Inflation ausgeliefert. Euer
Erspartes wird umso schneller dahinschmelzen, je höher die
Inflation ausfallen wird.

Dass die Inflation früher oder später kommt, steht fest.
Denn Regierungen haben ein einfaches Mittel in der Hand,
um sich das bei den Staatshilfen für die Wirtschaft ausgege-
bene Geld zurückzuholen: Sie drucken es einfach nach, um
die Schulden zu bezahlen.

Selbst wenn die Inflation nicht durch die Decke geht,
wird euer Geld mit Sicherheitsprodukten auf der Bank ver-
rotten. Nicht nur mit dem Sparbuch, auch mit Pfandbriefen
oder Bausparverträgen werdet ihr mit an Sicherheit grenzen-
der Wahrscheinlichkeit verlieren. Selbst solche Produkte, die
mit einer garantierten Erhaltung der Kaufkraft des veranlag-
ten Kapitals beworben werden, bieten keine Abhilfe. Denn
die Inflation wird immer geringer dargestellt, als sie wirklich
ist. Sie wird auf Basis eines Warenkorbes ermittelt, der nur
einen Teil der Realität abbildet und der nicht an euer tatsäch-
liches Konsumverhalten angepasst ist.

Selbst wenn die Inflation nicht geschönt wäre und nicht
explodieren würde, wärt ihr die Verlierer. Denn selbst in die-

sem unrealistischen Fall hättet ihr mit viel Glück nichts gewonnen, nur eben auch nichts verloren. Ist das euer Ziel? Das Bewahren?

> *Wer nicht auf Sieg spielt, kann auch nicht*
> *gewinnen. Wer nur investiert, um nicht*
> *zu verlieren, hat schon verloren.*

Ganz sicher verliert ihr mit dem Sicherheitskonzept die Chance, beim nächsten Aufschwung dabei zu sein. Und der kommt ganz bestimmt. Die Rhythmen und Muster mögen sich ändern, aber wenn es nach unten geht, geht es hinterher auch wieder nach oben. Mag sein, dass einige Pessimisten endlose Perioden der Depression und des Desasters prognostizieren, aber auch diese Leute hat es immer gegeben, und die Geschichte hat sie immer des Irrtums überführt.

Wenn der Aufschwung dann kommt, bleibt ihr unten. Wenn die nach der Finanzkrise spottbilligen Aktien ihren Wert multipliziert haben werden, müsst ihr froh sein, wenn ihr nicht weiterhin Verluste macht. Spätestens beim nächsten Aufschwung wird sich ganz eindeutig zeigen, in welchem Ausmaß die Finanzkrise die Reichen einmal mehr noch reicher gemacht und euch, die Mittelschicht, noch weiter dezimiert hat. Dann werden die Soziologen am Zug sein und den unaufhaltsamen gesellschaftlichen Trend der zerfallenden Mittelschicht analysieren, an dem in Wirklichkeit nur eines schuld ist: euer ökonomisches Unwissen. Oder besser:

euer mangelnder Mut, die Tricks des Systems zu durchschauen, aus diesen Erkenntnissen die richtigen Konsequenzen zu ziehen, aus der Masse auszuscheren und eure eigenen Wege zu gehen.

Unser Bildungswesen hat rechtzeitig Vorsorge getroffen, um euch diese Wege zu versperren. Es trägt mit Schuld daran, dass Reden über Geld noch immer verpönt ist. Es steht nicht auf eurer Seite, sondern auf der Seite der Reichen und Mächtigen, die naturgemäß kein Interesse daran haben, euch zu lehren, wie ihr ebenfalls reich und mächtig werden könnt. Trotzdem akzeptiere ich die unmerkliche Manipulation nicht als Ausrede. Denn euch müsste klar sein, dass es mit dem Geldanlegen wie bei allem anderen ist: Wenn man gut darin sein will, muss man es lernen.

Beim Skifahren, Golfen oder Kochen akzeptiert ihr das. Bloß beim Geldanlegen glaubt ihr, dass es ganz ohne Ausbildung geht. Aber die Unwissenden werden abgezockt, und wie gesagt: Wenn es einmal funktioniert hat, werden sie immer wieder abgezockt. Ihr seid aber immer diese Unwissenden, die ohne wirtschaftliches Grundverständnis. Und trotzdem wagt ihr euch an die Börse. Weil das System sagt: Man tut das jetzt. Alle tun das jetzt. Also los!

Vielleicht habt ihr schon erwogen, euch bessere Informationen zu beschaffen, aber dann habt ihr euch die Zeit doch wieder nicht genommen und euch lieber in die Hände falscher Berater begeben. Das ist dann so, als würdet ihr euch das Skifahren von jemandem erklären lassen, der an der Themse oder in der afrikanischen Wüste aufgewachsen ist. Denn wie gesagt: Die Art von Wissen, das solche Berater sammeln, versetzt sie nicht in die Lage, euch reicher zu machen. Es versetzt sie höchstens in die Lage, euch die Gehirne mit den Investitionsvorgaben des Systems zu waschen.

Die Schlimmsten von euch sind jene, die auf ihr Bauchgefühl vertrauen. Das ist der größte Schwachsinn überhaupt. Ich lasse mir von meinem Bauch höchstens sagen, ob ich Hunger habe oder nicht. In der Wüste, wenn ihr kein Wasser dabei habt, wird euch euer Bauchgefühl einmal nach links und einmal nach rechts schicken, aber wenn ihr nicht den Kopf einschaltet oder den Kompass befragt, werdet ihr verdursten. Würdet ihr mit so einer Mischung aus Selbstüberschätzung und Hoffnung aufs Glück ans Skifahren herangehen, würdet ihr ziemlich bald mit einem Gipsbein im Krankenhaus liegen. Beim Golfen würdet ihr einen Aushub wie ein Bagger fabrizieren und beim Kochen wäre es genau das Gleiche: Ein perfektes Thunfisch-Carpaccio oder eine getrüffelte Seezunge mit Olivenöl, guten Kartoffeln und vielleicht noch einer delikaten Sauce bekommt man nicht einfach so hin. Wenn ihr einen Hummer auf die falsche Art kocht, landen eure Gäste vielleicht sogar im Krankenhaus.

Ich kenne sogar Absolventen von Wirtschaftsuniversitäten, die keine Bilanzen lesen können und auf den Finanzmarkt losgelassen werden. Das ist dann so, wie wenn ein Tennisspieler keine Rückhand spielen kann und auch noch meint, dass es darauf nicht ankommt.

Wer an der Börse spekuliert und keine
Bilanzen lesen kann, wird sein Geld mit
Sicherheit früher oder später verlieren.

B. Wie ihr zurückschlagt

Ich habe in der Krise mit einigen Investments auch Geld verloren, aber unter dem Strich ist mein Nettovermögen ge-
wachsen. Manchmal kommen deshalb Menschen zu mir,
Freunde oder Mitarbeiter zum Beispiel, und fragen mich, wie
sich die Börsen entwickeln werden und was sie tun müssten,
um als Kleinanleger das große Geld zu machen. Ich sei doch
Investmentbanker, meine Anlagestrategie gehe auf, also
müsse ich es wissen, meinen sie. Meine Antwort ist immer
die gleiche: »Keine Ahnung.«

Ich beschäftige mich nämlich gar nicht damit, wie man
an der Börse über Nacht seinen Einsatz multipliziert. Mag
sein, dass so etwas einzelnen Anlegern gelingt, und mag
auch sein, dass einige Greenhorns darunter sind. Aber das
ist trotzdem nicht die Art, wie man langfristig reich wird.

Jene, die einfach so einen Glückstreffer landen, haben
beim nächsten Mal Pech und verlieren mehr, als sie zuvor
gewonnen haben. Erzählen werden sie in Zukunft immer nur
von dem einen Glückstreffer, aber ihre Kontostände werden
immer die Wahrheit sagen.

Deshalb beschäftige ich mich ausschließlich damit, wie
ich langfristig zehn bis fünfzehn Prozent Rendite mit mei-

nen Investments erzielen kann. Nur wer das schafft, wird auf Dauer wirklich reich.

Um es zu schaffen, beherzige ich ein paar relativ einfache Grundregeln.

1. When there is blood on the street, you have to buy, even if it is your own blood. (Mark Mobius)

In einem Punkt tue ich genau das Gleiche wie ihr: Ich richte meine Geldanlage auch an der öffentlichen Stimmung aus und orientiere mich dabei vor allem an den Boulevardzeitungen. Die wichtigsten habe ich sogar abonniert. Sie liegen jeden Tag auf meinem Tisch, und sie haben sich bisher immer als äußerst zuverlässig erwiesen. Ich tue einfach immer das genaue Gegenteil von dem, was sie nahelegen.

Wenn der Boulevard den Aktienboom bejubelt und beschreibt, wie und mit welchen Aktien ich am besten davon profitieren kann, weiß ich, dass ich verkaufen muss. Raus und nichts wie weg ist dann meine Devise. Wenn der Boulevard schreibt, dass die Welt untergeht und Anarchie und Verelendung drohen, ist es für mich Zeit zu kaufen.

2. Dass jemand weiß, wie man mit Geld umgeht, erkennt man daran, dass er viel davon besitzt.

Meine Investmentstrategien diskutiere ich währenddessen mit Beratern, die anhand ihres eigenen Vermögens schon bewiesen haben, dass sie sich auskennen. Und natürlich bringe ich inzwischen selbst eine Menge an Know-how mit.

Als Anfänger müsst ihr euch mehrere Stunden täglich mit der Materie befassen, um erfolgreich sein zu können. Voraussetzungen dafür braucht ihr keine. Es stimmt zwar, dass manche Menschen mehr wirtschaftliches Gespür als andere haben, aber investieren lernen kann jeder. So wie jeder seinen Körper trainieren kann, egal, ob er zum Sportler geeignet ist oder nicht. Im Fitnesscenter werdet ihr, wenn ihr richtig trainiert, auch dann persönliche Erfolge erzielen, wenn ihr dick und fett seid.

Unternehmensberichte zu lesen und richtig zu interpretieren, ist einfacher als gemeinhin angenommen, aber auch das will gelernt sein. Wenn ihr keine Lust dazu habt, haltet ihr euch vom Finanzmarkt besser fern. Gar nicht zu investieren ist immer noch besser, als den Empfehlungen der Verkäufer zu folgen. Denn es gibt immer einen Grund, warum euch jemand etwas empfiehlt, und der wirkt sich höchstens zufällig auch zu euren Gunsten aus.

Wenn ihr nicht selbst nachdenken wollt, bietet euch der Finanzmarkt den Ausweg über Strukturen an, die das Denken für euch erledigen. Aber das ist gefährlich.

Die Manager der Fonds zum Beispiel, in die ihr in diesem Fall gerne euer Geld steckt, agieren im Durchschnitt nicht erfolgreicher als der Aktienmarkt selbst, aber zusätzlich müsst ihr an diese Fonds noch jede Menge Gebühren zahlen. Fondsmanager schneiden nicht deshalb so schwach ab, weil sie dumm, unwillig, bösartig oder gar korrupt sind. Ihre Entscheidungen sind schlicht und einfach von Dingen beeinflusst, die mit der Vermehrung eures Geldes wenig zu tun haben.

Ob ein vom Fonds mit eurem Geld getätigtes Investment gut oder schlecht ist, kommt zwar auf der persönlichen Werteskala eines Fondsmanagers vor, es ist dort aber nur die Nummer acht oder neun.

Der Fragenkatalog eines durchschnittlichen Fondsmanagers vor einem Investment sieht ungefähr so aus:

1. Kann ich mit diesem Investment meinen Job verlieren? Ein schlechtes Investment, das er argumentieren kann, ist ihm allemal lieber als ein vielversprechendes, das er nicht argumentieren könnte, wenn es doch schiefginge.
2. Passt das Investment in alle regulatorischen Auflagen des Fonds?
3. Wie viel Arbeitsaufwand verursacht das Investment?

Das alles kommt vor der Frage, wie viel dieses Investment euch, den Anlegern, bringt. Trotzdem kassieren die Fonds bei euch Gebühren, deren Vielzahl und wahre Höhe ihr nie überblickt. Da gibt es Management und Performance Fees, Ausgabeaufschläge, Vertriebsgebühren, interne Vertriebsabgaben, Bestandsprovisionen, Depotgebühren,

Verwaltungsgebühren und viele andere Deckmäntelchen, unter denen ihr bewirtschaftet werdet. Geht von fünfzehn bis zwanzig Prozent an Gebühren aus, die euch im Normalfall bei solchen Investments verrechnet werden. Und die müsst ihr auch dann bezahlen, wenn das Ganze ein Verlust wird. Ich hatte schon immer eine Aversion gegen Gebühren. Auch dann, wenn ich sie bei Ämtern entrichten musste. Ich entrichte sie wirklich nur, wenn es gar nicht anders geht.

Besonders hinterhältig sind die meisten sogenannten Garantieprodukte. In solchen Fällen werden siebzig Prozent eures Geldes in Anleihen, Bargeld oder ähnliche konservative Dinge gesteckt, also im Prinzip gar nicht angerührt.

Nur mit dreißig Prozent der Summe wird aktiv am Finanzmarkt gearbeitet, die Gebühren werden euch aber für die volle Summe berechnet.

Genauso gut könnt ihr selbst Anleihen kaufen oder die siebzig Prozent auf der Bank liegen lassen und mit den übrigen dreißig Prozent ins Risiko gehen. Womit ihr schon einmal siebzig Prozent der Gebühren gespart hättet. Ich rate nicht grundsätzlich von Fonds ab, aber ihr müsst euch genau ansehen, was ihr da kauft. Wenn ihr einen Fernseher kauft, wisst ihr auch, ob es ein Sony- oder ein Samsung-Gerät ist, beschäftigt euch mit der Bildqualität und sucht im Internet nach Bewertungen. So müsst ihr auch bei Fonds vorgehen.

Ihr seid immer besser beraten, wenn ihr euch informiert und die Verantwortung für eure Investments selbst übernehmt, indem ihr zum Beispiel Aktien über einen Online-

Brokerage-Account kauft, der ein paar Euro an monatlichen Spesen verursacht. Durch die Technologierevolution haben sich die Möglichkeiten, Aktien erfolgreich direkt zu kaufen, in den vergangenen Jahren enorm verbessert. Ihr braucht nur ein Konto bei comdirect.de, direktanlage.at oder saxobank.com eröffnen, und schon seid ihr Manager eures eigenen Investmentfonds.

Dabei stehen euch genau die gleichen Informationen wie jedem professionellen Fondsmanager zur Verfügung. Ihr könnt euch in Echtzeit die Kursentwicklungen ansehen, die gehandelten Volumina überblicken und Quartalsberichte herunterladen. Als ich an der Wallstreet anfing, gab es das noch nicht. Es gab einen Service, über den wir derartige Unterlagen bestellen konnten, die dann per Eilboten für hundert Dollar je Bericht zugestellt wurden. Privatanlegern stand dieser Service nicht zur Verfügung. Die hätten damals den Firmen einen Besuch abstatten und um Einblick in die Unterlagen bitten müssen.

Die leicht zugänglichen Informationen versetzen euch in die Lage, euch verschiedene Dinge ansehen und vergleichen zu können, bevor ihr kauft. Einmal ehrlich: Habt ihr das bisher ernsthaft getan? Ihr vergleicht Möbel, Fernseher, Kleider und Sportgeräte, bevor ihr eins kauft, aber bei den Anlageprodukten verzichtet ihr darauf. Weil es nichts zu berühren, zu sehen oder zu riechen gibt. Es gibt nur etwas zu rechnen und zu denken, beides anstrengende Dinge. Selbst wenn ihr euch näher damit beschäftigt, werden immer wieder

Anlageformen auftauchen, die ihr nicht versteht. Darauf gibt es nur eine einzige Reaktion: Finger weg. Ich habe in Harvard Studien in Mathematik und Betriebswirtschaft magna cum laude abgeschlossen, aber trotzdem stoße ich immer wieder auf Anlageprodukte, die ich nicht verstehe.

Ich kaufe nur Finanzprodukte, die ich verstehe.

Meißner zum Beispiel bot mir damals, als er noch für Orbrock arbeitete, eine private Investition an, bei der es anscheinend darum ging, auf die Differenz zwischen den Wertentwicklungen zweier Aktienkurse zu setzen, und zwar mit Hilfe von derivativen Finanzprodukten.

»Damit kannst du richtig gut verdienen«, meinte er.

»Tut mir leid, aber das verstehe ich nicht«, sagte ich.

»Das sagst du mir? Du warst doch an der Wall Street und ...«

»Ich weiß, aber so intelligent bin ich einfach nicht.«

Ich bin allerdings intelligent genug, nur in Anlageformen zu investieren, die ich nachvollziehen kann. Es hat außerdem meistens einen Grund, warum Dinge unverständlich sind. Ist das der Fall, vermute ich, dass sich hinter der komplexen Struktur etwas verbirgt, von dem jene profitieren, die das Produkt gestaltet haben, aber nicht ich als Anleger.

3. Anleger brauchen eine simple Investmentstrategie, die sich emotionslos umsetzen lässt, und die Disziplin, sie eisern durchzuhalten.

Im Jahr 2006 war ich bei einem Anlageseminar in Atlantic City. Ich hatte einige Reisestrapazen in Kauf genommen und war das letzte Stück im Greyhound-Bus gefahren, weil ich wissen wollte, was die dort versammelten Finanzexperten zu sagen hatten. Bei den großen Namen, die bei der Veranstaltung im Trump Hotel aufgeboten wurden, müsste ich eigentlich ein paar unumstößliche Erkenntnisse über den Finanzmarkt mitnehmen, dachte ich.

So war es auch. Ich nahm allerdings nicht mehrere Erkenntnisse mit, sondern eine einzige. Die war allerdings dazu angetan, in der Folge mein gesamtes Investitionsverhalten auf allen Ebenen zu bestimmen. Denn die Damen und Herren trugen zwar jeweils völlig unterschiedliche Anlagekonzepte vor, aber in einem Punkt waren sie sich alle einig: Wer als Anleger dauerhaft Gewinne erzielen will, braucht ein einfaches, emotionslos reproduzierbares System.

Die simpelste Anlagestrategie bestünde darin, die erfolgreichsten Fondsmanager aus dem Internet zu fischen und Geld ausschließlich bei ihnen anzulegen. Dann müsst ihr zwar immer noch all die Gebühren bezahlen, aber dahinter stünde immerhin schon eine intelligente Idee. Eine ebenfalls simple Strategie wäre es, in Unternehmen zu investieren, deren Buchwert höher als ihr Marktwert an der Börse ist, so wie es bei vielen Immobilienfirmen besonders am Höhepunkt der Finanzkrise der Fall war.

Nach dem Platzen der Internetblase gab es eine ganze Menge von profitablen Hightechfirmen, deren Börsenwert sogar niedriger war als ihre Geldbestände – eine ökonomische Anomalie, mit der auch ich damals gut verdiente. Als Investmentmanager eines Private Equity Fonds kaufte ich damals im großen Stil Aktien des IT-Dienstleisters Concept AG. Wir bezahlten circa vier Euro je Aktie, obwohl auf den Konten des gewinnbringenden Unternehmens Geldbestände in Höhe von sieben Euro je Aktie lagen. Einige Monate später legte ein anderer Investor ein Übernahmeangebot vor, und wir hatten drei Euro je Aktie verdient.

Bevor ihr eure Strategie entwickelt, müsst ihr euch ein paar Fragen stellen:

Was ist der Zweck des Investments? Sollen eure Kinder abgesichert sein? Wollt ihr euch für die Zukunft ein passives Einkommen schaffen? Wollt ihr möglichst hohe laufende Renditen erzielen oder in der kürzest möglichen Zeit den höchst möglichen Gewinn?

Welches Risiko seid ihr zu tragen bereit? Steht ihr es durch, wenn eine Aktie einmal um vierzig Prozent fällt, oder werdet ihr nervös und verkauft, wenn der Kurs gerade ganz unten ist?

Als Nächstes müsst ihr ein Thema finden, das euch liegt. Denn eure Investmentstrategie muss zu euch passen. Sie muss euch Spaß machen. Geld und Spaß haben bisher in eurem Weltbild nicht zusammengepasst. Aber es ist entscheidend, denn ihr werdet eure Strategie über Jahre durchhalten müssen, wenn ihr damit wirklich gutes Geld verdienen wollt.

Um euer Thema zu finden, müsst ihr euch fragen, welche Art von Geschäften, Firmen oder Branchen euch interessieren. Denn eine Aktie ist nichts Abstraktes. Sie repräsentiert einen Anteil an einer Firma, die irgendwann einmal jemand gegründet hat, die ein bestimmtes Geschäftsmodell verfolgt und bei der Menschen ihr tägliches Brot verdienen.

Ich kenne einen Investor, der eine Vorliebe für das Reich der Mitte hat und sich auf chinesische Aktien konzentriert. Er tut das schon seit Jahren und hat sich dabei die Zyklen dieses Wachstumsmarktes vertraut gemacht. Er wusste schon immer viel über China und hat durch seine Investments noch mehr über das Land gelernt. Bei einigen kleineren Firmen überschritt er zwischendurch sogar die Fünf-Prozent-Marke, bei einer wurde er als Vertreter der Kleinanleger in den Aufsichtsrat bestellt und konnte von da an auf Kosten des Unternehmens nach Peking fliegen.

Wenn euch das Charisma von Start-ups fasziniert, könnt ihr diesen Markt analysieren, euch laufend über Neugründungen informieren und die Erfolgschancen des jeweiligen Unternehmens bewerten. Viele dieser Investments werdet ihr in den Sand setzen, aber wenn eines aufgeht, könnt ihr mit geringem Einsatz umso mehr verdienen.

Habt ihr das Thema gewählt, müsst ihr eure Strategie so gestalten, dass sie sich ohne viel weiteres Nachdenken kontinuierlich bedienen lässt. Meine persönliche Strategie beim Aktienkauf sieht vor, dass ich ausschließlich in Firmen investiere, deren Marktkapitalisierung geringer als ihr Buchwert ist. Das Geschäftsmodell muss stabil sein und die Dividendenrendite muss bei mindestens fünf Prozent liegen. Ich investiere dabei Monat für Monat immer die gleiche Summe. Sind die Kurse gerade hoch, kaufe ich wenige Aktien, sind sie im Keller, kaufe ich viele.

Auf derartigen Strategien basiert fast jeder wirtschaftliche Aufstieg, und das ist nicht bloß am Kapitalmarkt so. Ihr träumt manchmal davon, hoch zu pokern und über Nacht an der Börse reich zu werden. Das ist Unsinn. Oder eben Lotterie.

> *Reichtum basiert auf Beharrlichkeit, auf dem*
> *ständigen Wiederholen von etwas, das funktioniert.*

Wenn ihr eure Strategie richtig aufgesetzt habt und sie kontinuierlich einsetzt, wird euch das unter dem Strich fast unmerklich reicher und reicher machen.

4. Warum Immobilienaktien kaufen, wenn man auch in Immobilien investieren kann?

Wenn es um Geldanlage geht, denkt nur ihr, die Mittelschicht, immer ausschließlich an die Börse. Wenn ich spazieren gehe, sehe ich Firmen, Immobilien oder Freizeitbetriebe und frage mich, wem sie gehören. All diese Objekte haben Besitzer, Privatpersonen oder Institutionen, und damit stellen sie Investitionsmöglichkeiten dar.

Diese Denkart ist nicht den Vermögenden vorbehalten. Ich habe einmal ein Sommerpraktikum bei einem Versicherungsunternehmen gemacht. Über einen meiner Kollegen – er hieß Christian Lehner und ich bin bis heute mit ihm befreundet – wurde getuschelt, dass er ein Wein-Château in Frankreich besaß. Ganz sicher wusste es niemand, weil das Château noch keiner gesehen hatte, aber für den einen oder anderen Scherz reichte es.

Ich sprach ihn darauf an. Er erzählte mir lang und breit von den Immobilienpreisen in Frankreich, und dass so ein Château billiger sein kann, als man glauben würde. Schließlich war sein Besitzerstolz stärker, und er erzählte mir, womit er dieses anspruchsvolle Hobby finanzierte: Er hatte aus seiner Leidenschaft für seltene Weine eine lukrative Investmentstrategie gemacht. Er kannte sich mit den Wertsteigerungen bei Weinen aus und verfügte über ein höchst professionell organisiertes privates Weinlager. Er kaufte bestimmte Jahrgänge, um sie einige Jahre später mit hohen Renditen wieder zu verkaufen. Angefangen damit hatte er, als er entdeckte, dass viele Wirte seit Jahren Weine im Keller lagerten, deren Wert längst ihren Preis auf der Karte überstieg. Sie waren immer gerne bereit, ihm ihre gesamten Vorräte zu überlassen und gaben ihm sogar noch ordentliche Rabatte darauf.

Ich habe für meine Immobilieninvestments ebenfalls eine Strategie entwickelt, die ich inzwischen nahezu im Schlaf bedienen kann: Ich kaufe fast ausschließlich in Frankfurt, weil ich dort am besten Bescheid weiß. Ich kenne die örtlichen Immobilienmakler. Die Stadt ist mir vertraut, und sei es vom aufmerksamen Spazierengehen. Einmal stieg ich zu einem Makler in den Wagen, der mir eine angeblich tolle Wohnung zeigen wollte. Mir war schon aufgefallen, dass er mich für einen jungen Anfänger hielt, wollte mir das Angebot aber trotzdem ansehen. Auf dem Weg zu der Wohnung verfuhr er sich. Ich fragte ihn nach der Adresse, erklärte ihm, wie er dorthin kommen würde und winkte gleichzeitig ab.

»Der Weg lohnt sich nicht«, sagte ich. »Ich kenne das Haus. Ganz in der Nähe verlaufen die Schienen einer Güterbahn, und das Fundament hat von den Erschütterungen bereits Risse. Haben Sie nicht etwas Interessantes?«

Von da an verschwendete er seine und meine Zeit nicht mehr und bot mir nur noch Wohnungen an, die tatsächlich gute Gelegenheiten waren.

Meine Strategie sieht vor, dass ich nur leicht vermietbare Innenstadtwohnungen mit ein bis drei Zimmern kaufe, in Häusern, deren Bausubstanz in Ordnung ist. Ich leiste eine Anzahlung in Höhe eines ganz bestimmten Prozentsatzes vom Kaufpreis inklusive der Nebenkosten. Die monatliche Kreditrate, Tilgung inklusive Zinsen, muss durch den Mietertrag gedeckt sein. Treffen alle Faktoren zu, kaufe ich, trifft nur einer nicht zu, verzichte ich.

Ich habe für diese Strategie einen Banker, der die Finanzierung ermöglicht, einen Notar, der beurkundet, einen Verwalter, der sich um die Wohnungen kümmert und einen Makler, der sie vermietet. Ich brauche mein System nur beharrlich zu füttern. Mit der Zeit wird es immer größer und größer und macht mich reicher und reicher.

Lasst euch bei der Entwicklung eurer eigenen Strategie nicht dadurch frustrieren, dass ihr ganz klein anfangen müsst, während andere über Nacht reich zu werden scheinen. Wenn jemand einmal einen Treffer landet, der wie ein Lottohauptgewinn aussieht, steht in Wahrheit fast immer eine erprobte, beharrlich angewandte Strategie dahinter.

Ich habe in Wien einen Freund, dem es gelungen ist, ein großes innerstädtisches Geschäftslokal zu mieten, beim Hauseigentümer ein Weitergaberecht herauszuholen und das Lokal an ein bekanntes Markenunternehmen weiterzuvermieten. Die Sache sorgte in der Stadt für viel Gerede. Denn er machte bei dem Geschäft mit dem Markenunternehmen – mittels eines auf zwanzig Jahre befristeten Vertrages inklusive Fixmiete und Umsatzbeteiligung – einen auf die Vertragslaufzeit hochgerechneten Gewinn von mehr als zwanzig Millionen Euro.

Seine Neider dachten, dass er schlicht den ultimativen Glückstreffer gelandet hatte. In Wirklichkeit hatte er als ausgewiesener Kenner der Wiener Handelsimmobilien und der dort geltenden Rechtslage immer wieder kleinere Geschäfte dieser Art gemacht. Schließlich hatte er begonnen, in dem betreffenden Gebäude ein Geschäft nach dem anderen zu übernehmen, um die Läden vorerst befristet unterzuvermieten und sie schließlich zu einem großen Lokal zusammenzulegen. Er hatte gewusst, dass für Lokale dieser Größe und in dieser Lage fast jeder Preis zu erzielen war. Er hatte tatsächlich einen schönen Gewinn erzielt, aber er hatte für das Geschäft in Summe sechs Jahre an Vorbereitungen gebraucht und zwanzig Jahre Erfahrung.

Ich selbst geriet nur durch Zufall und einen Pudel ins Immobiliengeschäft. Ich besuchte Freunde in Frankfurt, die dort studierten und mit diesem Pudel relativ günstig in einer hübschen Innenstadtwohnung wohnten. Sie hatten aber ein Problem: Die Eigentümerin wollte sie loswerden, um die Wohnung zu verkaufen. Die Preise für bestandsfreie Wohnungen sind höher, weil als Käufer nicht nur Investoren, sondern auch Eigennutzer in Frage kommen. Mit einem Pudel, sagten die beiden, sei es aber schwierig, eine gute günstige Wohnung zu finden. Mit gutem Grund, wie ihre Bleibe bewies: Der Hund hatte den Teppichboden schon gründlich in Mitleidenschaft gezogen.

Ich dachte über die Sache nach und fand, dass die fünfundsechzig Quadratmeter große Wohnung mit Balkon im fünften Stock und einer Lage im Stadtteil Ostend interessant war und dass die beiden gute und verlässliche Mieter waren, denen man wegen des Geldes nicht nachlaufen musste. Also sagte ich, dass ich ihnen vielleicht helfen könne, und ließ mir die Nummer der Verkäuferin geben.

Wir trafen uns in einem Kaffeehaus, wohin die Frau ihren Schäferhund mitbrachte. Er war sehr freundlich, beschnüffelte mich und ließ sich streicheln. Bei den Verhandlungen kamen wir trotzdem an einen Punkt, an dem nichts mehr ging. Sie hatte mit achtzigtausend Euro angefangen und ich mit fünfundsechzigtausend. Inzwischen hielt sie bei fünfundsiebzig, was sie als ihre unterste Schmerzgrenze bezeichnete, und ich hatte erklärt, keinesfalls über achtundsechzig gehen zu wollen.

Dann eben nicht, dachte ich, als ein Mann mit einem anderen Schäferhund vorbeiging. Ihrer sprang auf und riss dabei unseren Tisch um. Wir sprangen ebenfalls auf, während uns unsere Getränke und die Servietten um die Ohren flogen. Nach einem Schreckmoment lachten wir – und machten das Geschäft schließlich für zweiundsiebzigtausend. Die Kalkulation, die ich mir für diesen ersten Immobiliendeal zurechtgelegt hatte, ging auf, weshalb ich sie seither fünfundvierzig weitere Male angewandt habe und dies weiter zu tun gedenke.

Kapitel drei

ihr, die konsumidioten

Konsumidioten sind die Melkkühe Nummer eins des Systems. Als Angestellte gehen sie in die Schuldenfalle, als Unternehmer gehen sie pleite.

A. Wie ihr abgezockt werdet

Leicht ermattet nach einer langen Autofahrt betrat ich das Caffè degli Specchi an der Piazza dell'Unità d'Italia in Triest. Weil ich Berufliches gerne mit Privatem verbinde, war ich mit dem Aston Martin angereist. Ich würde mit Roman und Felix, die in ihren Porsches kamen, heute gut essen, morgen würden wir unsere Autos auf slowenischen Straßen ausfahren. Ich sah mich in dem Café um, aber die beiden waren noch nicht da. Das ärgerte mich. Wer zu spät zu einer Verabredung kam, konnte zumindest eine SMS schicken. Soviel ich inzwischen über sie wusste, waren sie auch nicht in der Position, potenzielle Investoren warten zu lassen.

Ich hatte nach näherer Einsicht in die Unterlagen zuletzt an eine Beteiligung an ihrem Busunternehmen in Höhe von fünfundzwanzig Prozent gedacht. Im Gegenzug würde ich ihre wirtschaftlichen Probleme lösen. Je länger ich warten musste, desto mehr fand ich, dass fünfundzwanzig Prozent eigentlich zu wenig waren.

Sie kamen mit einer Viertelstunde Verspätung und wirkten missmutig. Schließlich hatte unser Treffen für sie keinen erfreulichen Anlass. Bei einem siebengängigen Abendessen mit Fisch, Austern und anderen Spezialitäten aus dem Meer verbesserte sich ihre Laune etwas. Wir kamen bis an den Punkt, an dem sie meinten, dass wir morgen beim Mittagessen über die Finanzen ihrer Firma reden sollten. Womit der Bann gebrochen war.

Roman und Felix fuhren getunte Porsche Turbos mit fünfhundert PS und sechs Zylindern. Auf der slowenischen Autobahn fuhren wir zweihundertdreißig und später für ein kurzes Stück sogar zweihundertfünfzig, meist im Konvoi und mit ein paar netten Überholmanövern zwischendurch. Bei einer Radarfalle hatten wir richtig Glück. Wir tappten hinein, als es gerade zu regnen begonnen hatte. Wegen der nassen Straße waren wir nur um dreißig Stundenkilometer zu schnell, kurz davor wären es noch mindestens hundertdreißig gewesen. Beim Mittagessen in einem slowenischen Landgasthaus erzählten wir uns Polizeigeschichten. Sie brachten die Geschichte von dem Multimillionär, den eine Verkehrspsychologin nach der vierten Strafe wegen Rasens zu einer Leistungsbeschränkung seiner Autos auf fünfzig PS verdonnern wollte. Er und die Psychologin gerieten sich dermaßen in die Haare, dass er zum nächsten Treffen mit zwei Rechtsanwälten und einem Leibwächter kam. Es wirkte. Am Ende ging die Sache glimpflich für ihn aus.

Ich erzählte die Geschichte von dem Sportwagenfahrer, der von einer Zivilstreife verfolgt worden war, während er achtzig Stundenkilometer über dem Limit fuhr. Seine Anwälte argumentierten erfolgreich vor Gericht, dass er dringend auf die Toilette musste. Anhand von medizinischen Gutachten seiner Mutter wiesen sie nach, dass er an erblichen Darmproblemen litt.

Wir kannten unsere Geschichten wechselseitig schon, aber das tat nichts zur Sache. Es waren Legenden von der Art, die man bei Anlässen wie diesem als Erlebnis eines Freundes erzählte, obwohl man sie selbst nur aus dritter Hand hatte. Davon wurden sie nicht schlechter, und danach sahen sich Felix und Roman an und nickten, um mit der ganzen Wahrheit über ihre Firma – beziehungsweise mit der über ihre sündhaft teuren Porsches – herauszurücken.

Ihr Vater hatte das Unternehmen aufgebaut und bestens im Griff gehabt. Er hatte sich mit den Politikern des Städtchens die lukrative Lizenz zum Transport der Schüler

ersoffen und das Geschäft hinterher mit großer Sorgfalt betrieben. Die Schüler waren immer pünktlich zum Unterricht
gekommen, und alle drei Jahre hatte er neue Busse gekauft, die
den jeweils aktuellen Umwelt- und Sicherheitsauflagen entsprochen hatten. So stand es im Vertrag mit der Stadt. Einmal
die Woche war er weiterhin brav mit den Stadtobersten sau-
fen gegangen.

Als ihn überraschend ein Herzinfarkt niederstreckte und
seine Söhne die Firma übernahmen, waren die Verlockungen
des Geldes zu groß für sie. Sie investierten zwar wie ihr alter
Herr in fünfhundert PS starke Fahrzeuge, allerdings konnten ihre nicht fünfzig Personen transportieren, sondern
bloß zwei. Statt Bussen kauften sie Porsches, und dazu kamen dann auch noch Partys, Reisen, teure Klamotten und
Geschenke für Mädchen.

Ihre Busse wurden älter und älter und damit teurer und
teurer, weil sich die Pannen häuften. Wer Schulkinder fährt,
kann aber eine Fahrt nicht einfach ausfallen lassen, und
Ersatzbusse kurzfristig zu mieten, ist kostspielig. Außerdem
zogen die Jungs lieber mit ihren Freunden um die Häuser, als
sich mit den Stadtoberen am Stammtisch zu verbrüdern. Als
die Busse nicht mehr allen Mindeststandards entsprachen,
drückten die trotzdem noch ein Auge zu, aber sie würden es
nicht auf Dauer tun.

Durchs Fenster konnte ich die beiden Probleme von
Roman und Felix draußen am Parkplatz des slowenischen
Landgasthauses stehen sehen. Der Fehler bestand gar nicht

darin, dass sie sich Luxussportwagen gekauft hatten, sondern darin, wie sie es getan hatten.

1. Sie waren zu dem Schluss gekommen, dass Porsches als technisch ausgereifte deutsche Fabrikate mit flächendeckend verfügbarem Serviceangebot relativ vernünftige Anschaffungen waren. Dank ihrer Wertstabilität stellten die Autos ihrer Meinung nach sogar Vermögenswerte dar.

2. Durch Recherche auf der Internetseite von Porsche hatten sie ihre Wunschmodelle mit diversen Extras und Sonderausstattungen konfiguriert und waren mit dem Ergebnis zum Händler gegangen, um die Autos so schnell wie möglich geliefert zu bekommen.

3. Der Händler hatte den Taschenrechner gezückt, alles addiert und ihnen den Kaufpreis genannt. Während er auf die rechte untere Ecke einer ganzen Menge Verträge gezeigt hatte, hatten sie sich wie Sieger gefühlt: Der Händler hatte ihnen ein paar Prozent Rabatt eingeräumt und dabei so getan, als wäre das normalerweise gänzlich undenkbar.

Als ich sie fragte, wie ich ihnen helfen könnte, gaben sie die Frage an mich zurück und wollten wissen, wie ich ihre Probleme lösen könnte. Ich versicherte ihnen, dass ich dazu in der Lage wäre. Ich hatte noch keine konkrete Idee, aber ich war es gewohnt, mit derartigen Situationen umzugehen. Als ich ihnen erklärte, dass ich dafür eine Firmenbeteiligung haben wolle, und zwar eine im zweistelligen Bereich, war ihre gute Laune dahin. Stumm und feindselig sahen sie mich an.

Wären sie erfahrene Unternehmer gewesen, hätte ich mich vermutlich geärgert. Ihre Firma war in eine existenzielle Krise geraten, und ich hatte ihnen Hilfe angeboten. Ich würde alles so einrichten, dass sie am Ende ungestört die kommenden Schülergenerationen ihrer Stadt zur Schule fahren und dabei ein passables Einkommen erwirtschaften konnten. Wenn sie intelligent kauften, würden sie sich auch in Zukunft noch schöne Autos leisten können. Die Alternative zu meinem Angebot war der Verlust der Schulbus-Lizenz, was das Ende ihres Geschäftsmodells und die Pleite der Firma bedeutet hätte.

Erfahrene Unternehmer hätten mein Angebot deshalb angemessen gefunden. Es war jedenfalls keineswegs beleidigend. Ich bewies damit Vertrauen in ihre Managementqualitäten. Schließlich nahm ich keinen Cent für meine Hilfe. Ich beschied mich mit einem Anteil an Gewinnen, nach denen es vorläufig gar nicht aussah. Doch sie wollten nichts davon hören. Ich muss zugeben, dass es eindrucksvoll war, als sie wenig später mit ihren Porsches vom Platz rauschten. Der Staub, den sie dabei aufwirbelten, senkte sich grau auf meinen Aston Martin herab. Ich trank noch einen Kaffee, und als ich ebenfalls losfuhr, war ich schon wieder guter Dinge. Sie würden wiederkommen.

Wenn es so weit war, würde ich wissen, was zu tun sei. Sie mussten aus der Nummer mit den fabrikneuen Porsches heraus und überhaupt ihr Konsumverhalten gründlich ändern. Bisher hatten sie sich wie Konsumidioten benommen, und die sind die Melkkühe Nummer eins des Systems. Als Unternehmer gehen sie irgendwann pleite, als Angestellte tappen sie in die Schuldenfalle.

Dümmer, als es Roman und Felix getan haben, kann man ein Auto gar nicht kaufen, egal, was für eines. Wenn ihr eure Golfs kauft, geht ihr trotzdem genauso vor wie Roman und Felix. Ihr denkt: Ein Golf ist ein wertstabiles Produkt, der Verbrauch ist niedrig, mit den richtigen Extras lässt sich die Statusfrage optimieren und innen ist er so geräumig wie manche Limousine. Also erscheint euch die Anschaffung vernünftig. Ihr informiert euch ein bisschen, geht zum Händler, lasst ihn addieren, holt ein paar Prozent Rabatt heraus, fühlt euch wie Sieger und wenig später fahrt ihr mit eurem makellosen Neuwagen vom Platz, den ihr womöglich noch geleast habt.

Dümmer geht's wirklich nicht.

Denn ihr sitzt dabei grundlegenden Irrtümern auf:

1. Ein Auto ist niemals ein Vermögenswert.

Ein Vermögenswert ist etwas, das seinem
Besitzer durch Wertsteigerung oder laufende
Renditen Geld bringt, und nicht etwas, das an
Wert verliert und laufende Ausgaben schafft.

Immobilien, Aktien, Firmenbeteiligungen, Öl oder Gold sind
Vermögenswerte. Autos sind nur dann Vermögenswerte,
wenn es sich um Oldtimer handelt, die mit den Jahren immer wertvoller werden. Jedes andere Auto stellt das genaue Gegenteil eines Vermögenswertes dar, nämlich eine
Verbindlichkeit. Eine Verbindlichkeit ist etwas, das Ausgaben
bewirkt, was ein Auto unaufhörlich tut. Es belastet seinen
Besitzer durch die laufenden Erhaltungskosten und den ra-
piden Wertverfall.

2. Man kann Geld nicht schneller als durch den Kauf eines Neuwagens verbrennen.

Ein Neuwagen verliert binnen drei Jahren zumindest die
Hälfte seines Wertes. Das Geld, das Menschen ausgeben, indem sie sich alle drei bis vier Jahre einen neuen Golf anschaf-
fen, hätte ich gerne. Sie besitzen den Wagen in der Phase
des höchsten Wertverlustes und verkaufen ihn genau dann
wieder, wenn sich die Kurve zu verflachen beginnt. Dass
der Neue möglicherweise weniger Sprit verbraucht, ist irre-

levant. Der Spritverbrauch ist der am meisten überschätzte Posten bei den Ausgaben fürs Auto. Die bei Weitem größten sind Anschaffungspreis und Wertverlust.

3. Leasen heißt auf Pump kaufen.

Leasen ist nur in einem Fall sinnvoll: Wenn das Geld für den Kaufpreis bei einem intelligenten Investment höhere Renditen abwirft, als die Leasingzinsen kosten. Bei meinem Audi war das der Fall. Ich bezahle 0,7 Prozent Leasingzinsen. Ich brauche das Geld nur auf der Bank liegen zu lassen und bekomme mehr dafür.

Im Zweifelsfall ist Leasen aber immer die schlechtere Variante, schon wegen der Verträge. In Leasingverträgen können sich Fallen verbergen, die ihr nicht sehen wollt, weil draußen schon der polierte Neuwagen wartet. Im Kleingedruckten relativieren die Leasingfirmen zum Beispiel gerne ihre Garantie, den Wagen am Ende der Laufzeit zu einem festgesetzten Preis zurückzunehmen. Das Nachzahlen kann richtig teuer werden, besonders dann, wenn ihr so wie Roman und Felix im Wirtschaftsboom mit geringer Anzahlung und hohem Restwert least und in der Flaute, wenn Autos billig und schwer zu verkaufen sind, aussteigen wollt. Auch eine Überschreitung der vereinbarten Laufleistung kann sich bitter rächen. Es gibt Leasingfirmen, die bei teuren Autos bis zu einen Euro pro mehr gefahrenem Kilometer verlangen. Manche Verträge räumen der Leasingfirma sogar das Recht ein, eure Leasingzinsen bei sinkender Bonität hinaufzusetzen. Das heißt dann, dass euer Auto plötzlich teurer wird, wenn ihr einen Karriereknick erlebt.

4. Sofort ist am teuersten.

Autopreise unterliegen Schwankungen, die unter anderem von saisonalen und konjunkturellen Faktoren sowie von Modellzyklen abhängig sind. In New York habe ich ständig erlebt, wie selbst Investmentbanker, die eigentlich ein ausgeprägtes wirtschaftliches Verständnis haben sollten, in der falschen Saison Geld verprassten. Im Winter, wenn der Schnee durch die Straßen trieb, waren die Schauräume der Autohändler leer. Die Boni waren aufgebraucht, und keiner dachte an einen neuen Wagen. Sogar wer einen Ferrari oder Porsche haben wollte, bekam ihn sofort und das noch mit Rabatt. Aber meinen Kollegen fielen ihre Autoträume immer erst wieder im Frühling ein, wenn die Sonne schien und die Boni flossen. Dann stürmten sie die Händler, bekamen keinen Cent Nachlass, und wer sein Auto gleich haben wollte, musste einen Aufschlag bezahlen. Teilweise wurden die auf Lager stehenden Autos sogar an den Bestbietenden versteigert, der Ausrufungspreis war der Listenpreis.

Um einer Mehrheit tatsächlich völlig egal zu sein, sind Autos viel zu sehr emotionalisiert, und es macht viel zu viel Spaß, ein tolles Auto zu fahren. Dass ihr euch das so nie richtig eingesteht, ist einer der Hauptgründe für euren irrationalen Umgang mit Autos. Zuerst belügt ihr euch selbst in Sachen Lustgewinn, und dann versucht ihr irgendwie eine wirtschaftlich sinnvolle Investition daraus zu machen. So, wie ihr das versucht, funktioniert das allerdings nie: Am Ende gebt ihr enorm hohe Summen für Nähmaschinen aus, die zwar keinen Spaß machen, die euch aber ein seltsames Mittelschichtprestige bringen, weil sie bis zu dem Moment, in dem ihr sie zum ersten Mal gestartet habt, neu waren.

Bei der Auswahl dieser Autos geht es euch vor allem darum, dem System möglichst genau zu entsprechen.

> *Das System hat eine von eurem sozialen Status*
> *abhängige Konsumpyramide definiert. Es sorgt*
> *mit Werbung und Leasing- und Kreditangeboten*
> *dafür, dass ihr immer ein Auto habt, das*
> *ihr euch gerade nicht leisten könnt.*

Euch sind die Vorgaben des Systems längst in Fleisch und Blut übergegangen. Wer im Vergleich zu seiner Position auf der sozialen Leiter ein zu bescheidenes Auto fährt, gilt als Verlierer, wer ein zu schönes fährt als Großkotz mit mutmaßlichen Egoproblemen.

»Du brauchst einen Psychotherapeuten«, hatte mein Vater, der sein Leben lang Golf gefahren war, gemeint, als ich in meinem Aston Martin zum ersten Mal zu Hause vorgefahren war.

*Die Konsumpyramide definiert fast
alle eure privaten Ausgaben.*

Solange ihr kleine Angestellte seid, reicht euch im Winter eine Drei-Sterne-Pauschalreise nach Ägypten oder in die Dominikanische Republik. Mit jedem Karrieresprung kommen ein Stern und ein paar Flugstunden dazu. Als Chefs liebt ihr Mauritius.

Die neuen Wünsche erwachen in dem Moment in euch, in dem ihr das Büro eures Vorgesetzten nach der Beförderung verlasst. Eben hat euch noch ein Golf gereicht, aber auf einmal muss es ein Passat oder ein Audi sein. Noch bevor ihr eurer Familie von dem Karrieresprung erzählt, habt ihr schon errechnet, welche Leasingrate ihr jetzt, mit dem neuen Gehalt, zahlen könnt. Und weil ihr mit dem tollen Neuwagen nicht warten wollt, bis ihr von eurem neuen Gehalt eine ordentliche Anzahlung zusammengespart habt, setzt ihr die Rate eben noch ein bisschen höher an.

Bei allen anderen Dingen ist es ebenso. Wie in einem posthypnotischen Auftrag tappt ihr durch die Konsumpyramide. Was für ein Sofa hat ein Abteilungsleiter? Schaut im Ikea-Katalog nach. Ihr werdet es sicher identifizieren und dabei sogar noch das Gefühl haben, Individualisten mit einem ausgeprägten eigenen Stil zu sein.

Ich habe einmal sieben Wohnungen in einem Haus in Frankfurt besichtigt, die im Paket zum Verkauf standen. Vier kleinere Wohnungen lagen unten im Hochparterre, zwei mittelgroße in der vierten Etage und die größte im obersten Stockwerk.

Alle hatten ähnliche Grundrisse mit Erker, bloß hatten die mittelgroßen vier statt drei Zimmer, und die größte hatte fünf. Das Haus war in den Neunzigerjahren erbaut worden, sodass alle Mieter ungefähr gleichzeitig eingezogen waren.

Ich war sicher, dass jeder von ihnen viel Zeit mit der Auswahl seiner Einrichtung verbracht hatte. Trotzdem glichen sich nicht nur die Grundrisse der Appartements aufs Haar, sondern auch die Interieurs. Bloß waren in den billigeren Wohnungen die Sofas mit Stoff und in den teureren mit Leder bezogen. Die Qualität der Teppiche und die Größe der Fernseher stiegen ebenfalls von unten nach oben. Überall stand eine Zimmerpflanze ungefähr an der gleichen Stelle des Erkers, und sogar die Pflanzen waren fast überall die gleichen.

Es gab natürlich Unterschiede in den Details, aber bei oberflächlicher Betrachtung war alles so identisch wie in einem Hotel oder Wohnheim, das ein einziger Inneneinrichter gestaltet hat.

Den Unterschied macht die Höhe eures Einkommens aus, alles andere bestimmt das System. Und das in einer Gesellschaft, die auf Individualität setzt und in der wir alle mehr als in jeder anderen Kultur lernen, uns als einzigartig zu betrachten. Ich fand das richtig gespenstisch.

Scherzend unter euresgleichen oder bang allein zu Hause fragt ihr euch manchmal, wo all das Geld bleibt. Wenn ihr euch eingesteht, dass eure Träume von einst nur dann noch aufgehen würden, wenn ihr in der Lotterie gewinnen würdet.

Dabei verwechselt ihr Konsumausgaben auch noch mit Investitionen. Ihr sagt: Ich investiere in eine neue Ledercouch. Oder: Ich investiere in einen neuen Tennisschläger. Es gibt natürlich mehr oder weniger intelligente Arten zu konsumieren, aber:

Konsum ist niemals eine intelligente Investition.

Im Herbst habe ich mir eine neue Golfausrüstung gekauft. Ich habe damit gewartet, bis die Saison vorbei war, und trotzdem noch eine hübsche Summe bezahlt, denn es war eine besonders schöne Ausrüstung. Als ich sie einweihte, waren meine Freunde voller Bewunderung dafür und ich war richtig stolz darauf. Aber schon am nächsten Tag hätte ich nicht einmal mehr die Hälfte ihres Preises dafür bekommen, wenn ich sie zu verkaufen versucht hätte.

Eine Investition ist die Verwendung finanzieller Mittel für – beziehungsweise die Anlage von Kapital in – Vermögen oder Geldkapital, um damit neue Geldgewinne oder höhere Geldgewinne aus bestehenden Unternehmungen zu bekommen.

Die größte Geldverbrennungsmaschine überhaupt sind neue Möbel. Schön zu wohnen ist wichtig, aber viel Geld für neue Möbel auszugeben, heißt nichts anderes, als es in den Rauchfang zu blasen. Wenn es sich nicht um wertvolle Antiquitäten wie Barock- oder Biedermeiermöbel handelt, verlieren Möbel am Tag des Kaufes die Hälfte ihres Wertes und nach einem Jahr sind sie praktisch wertlos.

Im Frankfurter Holzhausenviertel habe ich mir einmal eine Wohnung angesehen, bei deren Möblierung 1985, als das Haus erbaut wurde, nur das Beste gut genug war. Die Wohnung gehörte einer Bank, die dort internationale Geschäftspartner unterbrachte. Als ich das Appartement übernahm, ging es trotzdem nicht darum, wie viel ich für die Einrichtung zahlen musste. Es ging bloß darum, wer die Kosten für deren Entsorgung trug.

Am schlimmsten ist es bei Küchen. Wer schon einmal versucht hat, eine gebrauchte Küche zu verkaufen, weiß das. Trotzdem schafft ihr euch Küchen für zwanzigtausend Euro an, ohne nachzurechnen, wie lang ihr für zwanzigtausend Euro arbeiten müsst.

Fast genauso gefährlich wie Möbel sind Elektronikprodukte. Bei allen verhält es sich so wie mit Handys: Nach drei Jahren lassen sie sich vielleicht noch in Uganda oder Simbabwe an den Mann bringen, aber nicht mehr bei uns. Dabei macht ein Fernseher für dreitausend Euro das TV-Programm im Vergleich zu einem für dreihundert Euro um nichts besser.

Wird euer Geld knapp, entwickelt ihr eine ziemlich beschränkte Art zu sparen. Dann seht ihr in Postwurfsendungen nach, bei welchem Diskontmarkt das Schweinefleisch gerade am billigsten ist. Und wenn ihr gegenseitig eure Spargesinnung prüft, fragt ihr euch, wie viel ein Viertel Kilo Butter und ein Liter Milch kosten.

Das ändert nichts am Konzept. Damit bleibt ihr weiterhin Gefangene der Konsumpyramide.

> *Die Konsumpyramide hat nur einen Zweck:*
> *Euch das im Hamsterrad erstrampelte Geld*
> *wieder aus der Tasche zu ziehen.*

Sie gestaltet schon jetzt euer Leben, ohne dass ihr es merkt, und sie entwickelt und perfektioniert sich immer weiter. Mühelos treibt sie euch bis an den Rand der Omniomanie, der Konsumsucht, in immer neue und für euch im Grunde sinnlose Ausgaben. Auf diese Art seid ihr auch dazu verdammt, innerhalb der Konsumpyramide weiter nach oben zu klettern. Denn ihr glaubt immer, dass es auf der nächsten Ebene besser wird.

> *Das Verhältnis zwischen eurem Einkommen und euren*
> *Ansprüchen bleibt immer leicht negativ, egal wo in*
> *der Konsumpyramide ihr euch gerade befindet.*

Denn das System sorgt dafür, dass ihr immer genau das Leben habt, das ihr euch gerade nicht leisten könnt. Es wird nach oben hin nie besser, und wie es ganz oben ist, findet ihr ohnehin nie heraus. Es geht euch in Wirklichkeit nie besser als damals, als ihr noch nichts hattet. Es geht euch sogar eher schlechter, weil ihr damals wenigstens noch die Hoffnung hattet. Weil ihr dachtet, dass es stimmt: Dass ihr umso glücklicher sein werdet, je weiter nach oben ihr es in der Konsumpyramide schafft. Irgendwann beginnt ihr dann trotzdem, die schalen Befriedigungen, die bei dieser Art von Aufstieg für euch abfallen, für Glück zu halten. Und wenn nicht, hat das System zusätzlich zur allgegenwärtigen Gehirnwäsche einige Tricks entwickelt, um euch den Ausbruch zu erschweren. Es hängt euch nach Möglichkeit einen Rucksack mit Konsumkrediten um. Die Banken investieren viel Energie in die Berechnung des Gewichtes, das ihr gerade noch tragen könnt, ohne zu strauchen.

Es läuft zum Beispiel über den Überziehungsrahmen. Die Summe, die am Ersten von eurem Gehalt bleibt, sinkt allmählich, bis euer Kontostand auch nach der Überweisung negativ bleibt. Wenn ihr mit zwei oder drei Gehältern im Minus seid, machen euch die Banken auf die hohen Überziehungszinsen aufmerksam und empfehlen euch einen wesentlich günstigeren Kredit. Euer Kontostand ist endlich wieder im grünen Bereich, ihr habt wieder euren ganzen Überziehungsrahmen zur Verfügung – und das Spiel geht von vorne los. Bis die Bank entscheidet, dass der Rucksack jetzt im Verhältnis zu eurem laufenden Einkommen schwer genug ist. Ab dann verlangt sie zusätzliche Sicherheiten. Am giftigsten sind die Konsumkredite der Handelsketten. Die verdienen ein fettes

Zubrot damit, weshalb sie immer aggressiver dafür werben. Buy now, pay later. Heute kaufen und erst in einem Jahr zahlen. Nicht einmal da rechnet ihr nach, sondern lügt euch lieber selbst in die Tasche. 1,5 Prozent Zinsen? Günstig, nicht wahr?

Bloß sind es nicht 1,5 Prozent im Jahr, sondern im Monat. Macht in Wirklichkeit achtzehn Prozent. Günstig?

Sehr giftig sind auch die Kreditkartenschulden. Wer nur die Mindestzahlung leistet und den Restbetrag offen lässt, zahlt bis zu zwei Prozent Zinsen im Monat, also vierundzwanzig Prozent im Jahr. In England gibt es bereits Kreditkartenfirmen, die in so einem Fall Schuldenübernahmen zum Beispiel mit 1,5 Prozent Verzinsung pro Monat anbieten. Auch hier werden Schuldenpyramiden errichtet. Denn solche Kunden neigen dazu, die alte Karte mit den vorerst getilgten Schulden wieder bis zum Anschlag zu benutzen und am Ende doppelt so viele Verbindlichkeiten zu haben, die sie dann durchs Leben schleppen.

> *Die Hemmschwellen bei Konsumkrediten fallen*
> *in Europa allmählich im gleichen Ausmaß,*
> *wie sie es in den USA getan haben.*

Beim Ausbruch der Finanzkrise schien es einen Gegentrend zu geben, aber es dauerte nicht lange, bis sich die alte Entwicklung fortsetzte: Das System hat begonnen, ergänzend zur Konsumpyramide eine Schuldenpyramide zu errichten.

Wohin das führt, erlebte ich vor einigen Jahren, als ich eine Cousine in Nevada besuchte. Ich bereute bei der Anreise bald, dass ich mich zu dem Abstecher entschlossen hatte, denn der Weg in die Ortschaft war ziemlich beschwerlich. Ich musste am Flughafen einen Mietwagen nehmen, mit dem ich mich einige Male verirrte, ehe ich das Haus unter unzähligen genau gleich aussehenden Reihenhäusern fand.

Meine Cousine hatte die Immobilie gemeinsam mit ihrem Mann erst vier Jahre zuvor auf Pump gekauft, aber für mich sah das Haus mit seinen dünnen Wänden und dem leichten Dach aus, als würde es keine weiteren vier Jahre überstehen. In der Garage stand ein SUV, ein deutsches Fabrikat, der wesentlich stabiler wirkte, und ich wunderte mich über diese Diskrepanz. Die beiden lachten mich aus, als ich ihnen erzählte, dass ich selbst nur gebrauchte Autos fahren würde, wo ich doch noch dazu Investmentbanker sei. Ihr Auto, erzählten sie stolz, hätten sie sich einfach vom Wertzuwachs ihres Hauses gekauft. Ein Finanzberater hatte ihnen drei Jahre nach Erwerb des Reihenhauses bescheinigt, dass es inzwischen gegenüber dem Kaufpreis an Wert gewonnen hatte. Auf diesen fiktiven Wertzuwachs hatten sie einen neuen Kredit aufgenommen, um die Anzahlung für den Leasingwagen zu leisten.

Das heißt, dass sie mit Schulden auf ihre Schulden neue Schulden aufgebaut hatten. Ich an ihrer Stelle hätte nicht mehr ruhig schlafen können, aber sie fühlten sich sicher. Weil die Bewohner all der anderen Reihenhäuser es genauso machten. In so einem Fall wird nicht die Vermögenspyramide errichtet, die euch eure Berater so wortreich darlegen. In so einem Fall werden Schuldenpyramiden errichtet.

Zum Abschluss meines dreitägigen Aufenthaltes bei ihnen wollte ich dem Sohn des Ehepaares ein kleines Geschenk machen. Er war zwölf, ein Alter, in dem es für Außenstehende schwierig abzuschätzen ist, was sich ein Kind wünscht. Also schenkte ich ihm fünfzig Dollar. Er freute sich und bedankte sich herzlich. Als ich ihn fragte, was er denn mit dem Geld anstellen werde, meinte er: »Damit kann ich jetzt für fünfhundert Dollar einkaufen gehen.«

In der Finanzkrise verlor der Mann seinen Job. Die Familie war pleite. Das Ehepaar fragte über meine Mutter bei mir an, ob ich ihnen unter die Arme greifen könnte.

Auch viele meiner Freunde hier in Europa haben sich schon mit Konsumschulden drankriegen lassen. Sie werden noch in zehn Jahren für einen Schuldenrucksack zahlen, in dem sich Urlaube befinden, an die sie sich längst nicht mehr erinnern, Markenklamotten, die dann höchstens noch auf Trödlermärkten herumliegen oder Schmuck für Frauen, mit denen sie nicht einmal mehr telefonieren.

Wenn ich sie darauf aufmerksam mache, reagieren sie mit schnoddrigen Bemerkungen: So sei das Leben nun einmal. Vermutlich empfinden sie Schulden, wenn alle welche haben, auch als eine Art, dazuzugehören. Dass ihr auf diese Art eure Zukunft verpfändet, kapiert ihr einfach nicht. Die Fehler einzugestehen, wird mit der Zeit immer schwieriger. Weil die

Anstrengung, sie zu korrigieren, immer größer wird. Also betrachtet ihr die Konsumpyramide und den Schuldenrucksack als menschliches Naturgesetz. Als so eins wie das mit der Zeit, die mit zunehmenden Jahren immer schneller vergeht. Aber so ist es nicht. Die Pyramide wurde für euch errichtet, um euch abzuzocken. Die ökonomische Freiheit findet anderswo statt. Aber um dorthin zu gelangen, müsst ihr euch den Konventionen widersetzen. Dafür müsst ihr bereit sein, Investment-Punks zu werden.

B. Wie ihr zurückschlagt

> *Bei korrekter Berechnung ist es günstiger, ein Mercedes 300 Cabriolet aus den 1980er-Jahren als einen neuen Golf zu fahren. Der robuste Motor so eines Mercedes ist für mindestens eine halbe Million Kilometer gut. Die Wertverfallskurve ist negativ, das heißt, der Wagen wird bei guter Behandlung immer mehr statt weniger wert, während ein neuer Kompaktwagen binnen drei Jahren rund die Hälfte seines Wertes verliert. Wenn der Golf längst am Schrottplatz steht, passt der Mercedes noch immer ausgezeichnet vor jede Nobeldisko auf Capri und vor jedes englische Schloss.*

Wir saßen im Gourmetrestaurant des Luxushotels Château Eza in den Felsen über Eze Village an der Côte d'Azur und blickten zwischendurch über das Mittelmeer. Ich hatte

Roman und Felix am Flughafen von Nizza getroffen. Wir hatten im Carlton eingecheckt und jetzt genossen wir ein fantastisches Menü. Wir hatten etwas zu feiern: Das Busunternehmen des Brüderpaares war saniert.

Eine Woche nach unserem etwas abrupt beendeten Mittagessen in Slowenien hatten sie mich angerufen und meine Forderung nach einem vierzigprozentigen Firmenanteil akzeptiert. Ursprünglich waren mir dreißig Prozent vorgeschwebt, aber inzwischen hatten sich die Rahmenbedingungen geändert: Das Problem war das gleiche geblieben, aber die Zeit war knapper geworden.

Als wir handelseinig wurden, hatte ich bereits einige Vorarbeiten erledigt. Über den Händler, der mir den Aston Martin vermittelt hatte, fand ich eine Leasingfirma, die neuwertige Busse loswerden wollte. Das war der einfachere Teil der Übung, denn in wirtschaftlich schwierigen Zeiten waren Busse Ladenhüter. Die Schwierigkeit bestand darin, die Firma zu einem Tauschgeschäft zu überreden: Busse gegen Porsches. Porsches waren in Zeiten wie diesen auch nicht gerade Renner, und einer hatte auch noch eine auffällige Sonderlackierung, die ihn am Gebrauchtwagenmarkt unattraktiv machte. Dabei hatte ich Glück. Ich fand über persönliche Kontakte einen Ukrainer, der genau diese Lackierung haben wollte.

Nach zwei Monate waren trotzdem alle Verträge unterschrieben. Und das Ganze hatte sich zum Idealfall eines Geschäftes entwickelt: Roman und Felix hatten ein

Problem gehabt, ich eine Lösung, und nun waren alle glücklich. Die Schüler wurden pünktlich in neuen, sicheren und besonders umweltfreundlichen Bussen zur Schule gefahren. Die Stadtoberen konnten wieder stolz auf den örtlichen Verkehrsbetrieb sein. Ich verfügte über eine Firmenbeteiligung, die mir von nun an jedes Jahr mehr einbringen würde, als ihr im Hamsterrad erstrampelt. Roman und Felix waren auch zufrieden. Ihre Firma würde ihnen und voraussichtlich noch ihren Kindern ein sicheres Einkommen bescheren.

Sie fuhren sogar immer noch Porsche. Sie teilten sich jetzt einen, und den hatten sie so intelligent gekauft, dass er sie nicht mehr kostete als euch eine bessere Limousine, und zwar aus einem sehr simplen Grund: Sie hatten ihn gebraucht angeschafft. Sie hatten eine ungefähre Vorstellung davon entwickelt, was für ein Modell sie haben wollten, eine Weile den Markt beobachtet, auf ein Schnäppchen gewartet und schließlich gekauft.

Der Preisunterschied ihres neuen Porsches im Vergleich zu ihren beiden bisherigen war substanziell (dreißig Prozent des Neupreises und fast kein Wertverfall), der Unterschied an L-Faktor – »L« wie »Lebensqualität« – hingegen war gering. Der Wagen schaffte auch dreihundert Stundenkilometer, lag in den Kurven fast genauso gut und machte überhaupt genauso viel Spaß.

Roman und Felix hatten in ihrer persönlichen Finanzkrise verstanden, dass es beim Kauf eines Autos vor allem darum geht, nüchtern mit dem L-Faktor zu kalkulieren. Um das zu können, müsst ihr fünf Dinge wissen:

1. Der L-Faktor ist ein individueller Wert, das heißt, jeder Mensch kann ihn nur für sich definieren.

2. Der L-Faktor ist grundsätzlich etwas Positives.

3. Der L-Faktor kostet Geld.

4. Die Konsumkonventionen der Mittelschicht bieten wenig L-Faktor für viel Geld.

5. Wer gegen diese Konventionen rebelliert, kann für wenig Geld viel L-Faktor bekommen.

Das gilt nicht nur beim Autokauf. Wenn ich zum Beispiel Freunden von unserem Ausflug an die Côte d'Azur erzählte, dachten sie, wir hätten dabei ein Vermögen verprasst. Tatsächlich kamen wir in den drei Tagen inklusive Luxusherberge und einem Degustationsmenü der Extraklasse auf wenig mehr als achthundert Euro pro Person. Der Flug mit einer Billigfluglinie hatte trotz relativ kurzfristiger Buchung hundertachtzig Euro gekostet. Die Nacht im Carlton, einem der berühmtesten Hotels an der französischen Riviera, kostete hundert Euro. Den Mietwagen, einen kleinen Citroën, teilten wir uns.

Das Beste an dem Ganzen war das Essen. Das mittelalterliche Château Eza mit seinem unvergleichlichen Ausblick liegt vierhundert Meter über dem Meeresspiegel. In der ersten Hälfte des vergangenen Jahrhunderts war es die Residenz des Prinzen William von Schweden, jetzt tafelten wir hier, und zwar für ungefähr die Summe, die ihr ausgebt, wenn ihr Samstagnacht in die Disko geht.

Dass unser Kurzurlaub so günstig war, hatte auch einen simplen Grund: Wir bewegten uns außerhalb der touristischen Trampelpfade. Wir waren nicht in der Saison gekommen, sondern im November, und das Wetter war trotzdem angenehm mild. Deshalb bekamen wir für wenig Geld viel L-Faktor.

Überall auf der Welt kann man fantastisch essen, ohne viel mehr dafür zu bezahlen als in einem durchschnittlichen Straßenlokal. Ich war einmal mit einigen Freunden in New York und hatte keine Lust auf Pizza, wofür wir zu dritt inklusive Getränken und Salat etwa siebzig Dollar ausgegeben hätten. Mir hatte schon das Frühstück gereicht: Nur Sachen, die fett und krank machen, und eine Rechnung für alle drei über achtzig Dollar. Ich sah im Zagat Guide nach und entdeckte ein Bistro in der Upper East Side, dem elegantesten Viertel in New York. Der Betreiber war der international renommierte Gastronom Jean-Georges Vongerichten, und wir aßen dort als Vorspeise Hummersalat und als Hauptspeise Steaks. Das Ganze kostete für uns drei zweiundsiebzig Dollar. Pro Person waren es sechzehn Euro. Viele Spitzenrestaurants bieten Mittagsgerichte zu sehr moderaten Preisen an, und es tut dem Genuss keinen Abbruch, wenn man eine große Karaffe Leitungswasser dazu bestellt.

Die Rechnung mit dem L-Faktor geht in allen Konsumbereichen auf, auch bei Durchschnittsautos.

> *Es gibt praktisch keinen Unterschied an*
> *L-Faktor zwischen einem neuen und einem*
> *gut erhaltenen gebrauchten Golf.*

Ein drei Jahre altes Auto mit vierzigtausend Kilometern Fahrleistung ist um nichts schlechter als das gleiche Modell, wenn es noch neu ist. Es sieht genauso aus, der Motor ist genau gleich, und wenn der Wagen einigermaßen gepflegt ist, sind auch Karosserie und Innenraum gleich. Dem Mehrpreis für den Neuwagen und der viel steileren Wertverfallskurve steht kein höherer L-Faktor gegenüber.

> *Bei einem fünf Jahre alten Luxusauto ist der L-Faktor*
> *ungleich höher als bei einem gleich teuren neuen Golf.*

Für den Preis eines neuen gut ausgestatteten Golfs ist zum Beispiel ein gebrauchter Audi, Mercedes oder BMW der Oberklasse zu haben. Mein Audi etwa war, als ich ihn kaufte, fünf Jahre alt, und ich bezahlte dafür siebenunddreißigtausend Euro. Neu hätte er hundertfünfzigtausend gekostet. Ich hatte vor, ihn drei Jahre lang zu behalten und in dieser Zeit rund hunderttausend Kilometer damit zu fahren. Bei guter Pflege – und ich pflege meine Autos sehr gut – würde er danach rund zweiundzwanzigtausend Euro wert sein. Das entspricht einem Wertverlust von rund fünfzehntausend Euro.

Hätte ich einen Golf TDI mit hundertvierzig PS und Extras von Metalliclackierung über Lederpolsterung bis Navigationssystem gekauft, hätte ich rund dreißigtausend Euro dafür bezahlt. Nach drei Jahren und hunderttausend Kilometern wäre der Golf nur noch fünfzehntausend Euro wert. Der Wertverlust, also der wichtigste Kostenfaktor beim Autofahren, wäre also genauso hoch gewesen wie bei einem Luxuswagen der Spitzenklasse, der jeden Porsche und Ferrari alt aussehen lässt. Fast alle Autozeitschriften haben schon einmal vorgerechnet, dass bei intelligentem Kauf ein fünf Jahre alter S-Klasse-Mercedes mit Dieselmotor billiger kommt als ein neuer Kompaktwagen. Bei gebrauchten Autos schlagen sich auch die Extras kaum noch im Preis nieder. Sie sind einfach dabei, während bei einem Neuwagen jedes einzelne teuer bezahlt werden muss.

Ich lege meinen L-Faktor bei Autos bewusst hoch an. Einfach deshalb, weil Autos eines meiner liebsten Hobbys sind. Ich würde für keinen Preis einen Golf fahren. Nicht einmal dann, wenn ich kein Geld hätte. Genauso wenig wie einen Opel Astra, Citroën Pluriel, Ford Focus und wie sie alle heißen. Das mögen praktische und haltbare Fahrzeuge sein. Aber das sind Nähmaschinenautos. Die Insignien der Mittelschicht.

Ich habe schon als Kind am liebsten Autohändler gespielt, und schon damals mussten es nach Möglichkeit Bentleys und Ferraris sein. Ich war der Händler und meine Eltern mussten mir Autos abkaufen oder umgekehrt. Später, während meines Studiums in Harvard, investierte ich viel Zeit in die Suche nach einem Verleiher, der auch einem Studenten ein Auto geben wollte. In einem praktisch schrottreifen Dodge, den ich immer nach dreißig Minuten am Straßenrand ausrauchen lassen musste, sah ich mir die ganze Ostküste an und war glücklich. Mein erstes eigenes Auto kaufte ich in Frankfurt, einen drei Jahre alten BMW, imolarot, mit mehr als zweihundert PS und Vollausstattung. An den denke ich noch heute manchmal.

Ich genehmige mir in Kenntnis meiner Bedürfnisse bei Autos bewusst einen hohen L-Faktor. Es mag kindisch sein, aber es macht mir nun einmal Spaß, leicht aufs Gaspedal zu tippen, wenn mich jemand von hinten anblendet, und ein paar Sekunden später am Horizont verschwunden zu sein. Mir ist dabei völlig bewusst, dass Autofahren fast nie vernünftig ist. Mit dem Aston Martin nach Triest zu fahren war eindeutig ökonomischer Schwachsinn. Auf Langstrecken zwischen Städten ist der Zug um so viel billiger, bequemer und manchmal sogar schneller, dass sich Autofahren dagegen wie eine Schiefertafel zu einem Word-Dokument verhält. Frankfurt-Hannover zum Beispiel ist mit dem ICE in zwei Stunden und zwanzig Minuten zu schaffen. Ich esse und arbeite dabei, und das Ticket kostet mit BahnCard weniger als der Sprit. Von Parkgebühren und Abnützung ganz zu schweigen. Autofahrten zwischen Städten und innerhalb von Städten mit öffentlichem Verkehrsnetz sind ökonomisch betrachtet immer Schwachsinn.

Wenn mir, wie es viele von euch von sich behaupten, Autos völlig egal wären, wenn es mir nur um den reinen Transport von A nach B ginge, würde ich mir auch nicht das Auto kaufen, das die Konsumpyramide gerade für mich vorsieht. Da könnten mich Industriekapitäne, Analysten und Medien noch so sehr vor dem Untergang der Autoindustrie warnen, der unausweichlich wäre, wenn keiner mehr Neuwagen kaufte. Ich würde die Rettung dieser Branche anderen überlassen. Vermutlich wird es immer Dumme geben, die ein Autohaus mit einem Neuwagen verlassen und auf der Fahrt nach Hause bis zu dreißig Prozent seines Wertes verpulvern.

Wenn mir Autos wirklich so egal wären, würde ich den L-Faktor konsequent möglichst weit unten ansetzen und einen fünf bis sieben Jahre alten Toyota Corolla oder Camry, Honda Accord, Hyundai Sonata oder Volvo 850 kaufen. Das sind laut den Pannenstatistiken die robustesten Autos. Sie kosten ein paar Tausender und sind, wenn sie bei der Anschaffung fünfzig- oder sechzigtausend Kilometer auf dem Tacho haben, locker für weitere hundertfünfzigtausend gut. So ein Wagen ist weder cool noch sexy oder schön, aber er fährt und fährt und verzeiht alle Fehler.

Oder die Einrichtung. Ich wüsste nicht, warum der L-Faktor bei einer Küche für zwanzigtausend Euro zehn Mal höher als bei einer für zweitausend sein sollte. Ich würde mir die teure Küche deshalb niemals kaufen, auch wenn ich sie mir vielleicht problemlos leisten könnte. Meine komplette Einrichtung in Wien hat fünfzehntausend Euro gekostet. Sie würde kaum anders aussehen, wenn ich fünfundsiebzig ausgegeben hätte. Ein Ledersofa kann zwanzigtausend oder tausend Euro kosten, und man merkt fast keinen Unterschied. Auf einem Stuhl für dreihundert Euro lässt es sich genauso elegant und bequem sitzen wie auf einem für tausend. Und was spricht eigentlich dagegen, spottbillig schöne gebrauchte Möbel zu kaufen? Mein Designertisch zum Beispiel war ein Ausstellungsstück. Ich sah ihn beim Spazierengehen in der Auslage und dachte: Schön, aber achttausend Euro – diese Summe stand am Preisschild – würde ich niemals dafür bezahlen. Drei Monate später ging ich wieder vorbei, als die Auslage gerade umgebaut wurde. Ich bot für den Tisch zweitausend Euro. Die Verkäufer lehnten ab. Die Verhandlungen begannen. Am Ende erstand ich ihn. Für zweitausendzweihundert.

Ich sah einmal in einem Esoterikladen in Barcelona eine hübsche knallrote Kugellampe, die ich unbedingt haben wollte. Ich handelte den Preis von siebzig auf fünfzig Euro herunter und nahm sie mit ins Flugzeug. Dort passte sie nicht ins Handgepäck, aber ich hatte Glück: Die Maschine war nicht voll besetzt und die Stewardess der Billiglinie Clickair war so freundlich, der Lampe einen eigenen Platz zuzuweisen und sie dort sogar anzuschnallen. Jetzt fragen mich Gäste manchmal, woher ich diese tolle Lampe habe. Sie denken, dass sie ein sündteures Designerstück ist.

Besonders gering ist der Unterschied an L-Faktor zwischen einem Fernseher für dreitausend und einem für dreihundert Euro. Ich bin nachweislich weder Konsumverweigerer noch Verzichtsphilosoph, aber ich würde mir schon aus Prinzip nie im Leben einen Fernseher für dreitausend Euro kaufen. Der für dreihundert hat zwei Jahre zuvor auch noch dreitausend gekostet, der für dreitausend wird in zwei Jahren nur noch dreihundert Euro wert sein. Fernseher sind, wie andere Elektronikprodukte, wegen der kurzen Innovationsfristen nach zwei Jahren veraltet, und sie taugen nach zwei Jahren immer noch genauso zum Fernsehen wie davor.

Durch Kreativität und Geschick lässt sich mindestens ebensoviel L-Faktor gewinnen wie durch Geld.

Kapitel vier

abzocke job

**Ihr kümmert euch ständig um die Angelegenheiten
anderer Leute. Reiche Menschen kümmern sich um
ihre eigenen.**

A. Wie ihr abgezockt werdet

Nach dem Abschluss meines Studiums arbeitete ich zuerst bei J.P. Morgan in New York und dann bei McKinsey in
Frankfurt. Mir war dabei klar, dass beides keine Dauerlösung
für mich sein würde. Ich betrachtete beide Positionen eher
wie Praktika, als Möglichkeit zu lernen. Denn an meinem
Wunsch, reich zu werden, hatte sich seit meiner Kindheit
nichts geändert, und mit einem Job, und wenn es auch ein

noch so guter wäre, würde ich das nicht schaffen. Sowohl bei J.P. Morgan als auch bei McKinsey war das Einkommen zwar überdurchschnittlich hoch, aber unter Reichtum stellte ich mir trotzdem etwas anderes vor.

> *Ihr habt euch am Anfang eurer Berufslaufbahn*
> *gefragt, wie ihr ohne einen Job reich werden*
> *sollt. Reiche Menschen fragen sich, wie*
> *man mit einem Job reich werden soll.*

Bei McKinsey zu bleiben wäre sogar verlockend gewesen. Das Unternehmen behandelt seine Mitarbeiter gut und eröffnet ihnen als international tätige Unternehmens- und Strategieberatung fast alle Aufstiegschancen der Welt. Aber erstens bin ich ein freiheitsliebender Mensch und zweitens fiel mir auf, dass zwar der damalige McKinsey-Boss einen seltenen Ferrari fuhr, sich die meisten anderen McKinsey-Leute solchen Luxus aber nicht leisten konnten. Und der Boss war damals schon zweiundfünfzig – so lange wollte ich nicht auf einen tollen Sportwagen warten.

Außerdem bedeutete selbst diese privilegierte Art von Karriere, den Weg der Masse zu gehen, und der ist schon wegen des großen Gedrängels immer besonders beschwerlich und ineffizient. Ich fand es immer extrem anstrengend, im Rahmen dessen zu bleiben, was eine Angestelltenkarriere ausmacht. So zu agieren, wie es sich gehört. Cool angezogen zu sein zum Beispiel, aber auch wieder nicht zu cool.

Der Rahmen des Üblichen für Angestellte war mir zu eng. Wenn einer von euch ein bisschen anders tickt, ist er immer gleich ein Außenseiter. Für die Reichen gilt das nicht. Wenn sie etwas anderes machen, akzeptiert ihr es. Wenn Paris Hilton plötzlich auf die Idee käme, im bauchfreien Top Ski zu fahren, würdet ihr euch zuerst wundern und dann überlegen, ob ihr es vielleicht auch tun solltet, egal, ob ihr euch dabei eine Erkältung holt.

Auch eine Karriere bei J.P. Morgan oder McKinsey bedeutet, sich den Konventionen eines Systems unterzuordnen, in dem jene, die nichts haben, für die, die viel haben, strampeln.

Auch für Absolventen von Universitäten
wie Harvard gibt es ein maßgeschneidertes
Hamsterrad, das Elitenhamsterrad.

Im Elitenhamsterrad stehen die vorgefertigten Karriereleitern für jene, die es durch vermögende Eltern oder aus eigenem Antrieb zu einer besonders guten Ausbildung gebracht haben. Auf diesen Leitern ist das Gedrängel mindestens ebenso groß wie auf allen anderen. Das System hat Sprosse um Sprosse definiert, aber selbst ganz an der Spitze ist das Einkommen im Vergleich zu dem jener Menschen, die das Sagen haben, unbedeutend.

Siemens-Chef Peter Löscher hatte 2009 als einer der bestverdienenden Angestellten Europas ein Jahreseinkommen von zehn Millionen Euro. Das war natürlich eine gewaltige

Summe, aber er musste dafür auch einen weiten Karriereweg zurücklegen und heftig strampeln, er steht unter enormem Druck, und wenn ihn die, die das Sagen haben, nicht mehr wollen, muss er trotzdem gehen. Und das wird spätestens, wenn er fünfundsechzig ist, der Fall sein. Angestellte haben eine Halbwertszeit, und die ist, besonders ganz oben auf der Karriereleiter, meistens ziemlich kurz.

Es ist wie im Film. Vorne stehen die Schauspieler, aber die, die das Sagen haben, sieht man nicht. Jeder kennt Tom Cruise, aber wer kennt Viacom-Chef Sumner Redstone? Und trotzdem war es Redstone, auch Chef der Produktionsfirma Paramount Pictures, der Cruise 2006 kurzerhand feuerte. »Sein Benehmen ist für Paramount in letzter Zeit nicht akzeptabel gewesen«, begründete er schlicht. Die Filmproduzenten zahlen den Schauspielern vielleicht ein Vermögen an Gage, aber das eigentliche Vermögen machen sie selbst. In der Wirtschaft sind die Peter Löschers die Schauspieler, die Fädenzieher sind Männer wie Hasso Plattner, und die haben höchstens eine organisch bedingte Halbwertszeit.

Plattner hat zwar zuerst bei IBM auch ein paar Jahre als Angestellter gearbeitet, aber 1962 gründete er mit vier Kollegen SAP, den inzwischen weltweit viertgrößten Softwarehersteller. Mit mehreren Milliarden Euro Vermögen ist er einer der reichsten Männer Deutschlands. Sein Einkommen lag auch 2009 bei einem Vielfachen von dem Löschers.

*Die Einkommen der erfolgreichsten Angestellten
sind verschwindend gering im Vergleich zu den
Einkommen der erfolgreichsten Unternehmer.*

Ich erinnere mich noch gut an das erste Sportwagentreffen, zu dem ich in einem Cabrio anreiste, das ich kurz davor günstig gekauft hatte. Das Treffen fand in Velden am Wörthersee statt, und ich hatte erwartet, dort Spitzenmanager großer Firmen anzutreffen. Tatsächlich bot sich mir ein gänzlich anderes Bild. Die meisten Teilnehmer waren Unternehmer, und zwar nicht unbedingt schillernde. Ich erinnere mich an den Eigentümer einer erfolgreichen Kanalreinigungsfirma, an einen Steuerberater aus einer Kleinstadt und an den Betreiber einer Imbissstubenkette.

Statt lauter kleinen Peter Löschers, wie ich es erwartet hätte, waren fast nur kleine Hasso Plattners gekommen, und das gefiel mir. Denn bei Unternehmern geht es nicht darum, im Rahmen zu bleiben, sondern darum, gute Ideen zu haben und sie konsequent umzusetzen. Unternehmer sind deshalb immer angenehme Partner. Sie sind direkter, unkomplizierter und viel mehr auf die Sache konzentriert als Angestellte.

Ich wollte nie wie diese Angestellten werden. Deshalb lernte ich auch bei McKinsey, was es dort für mich zu lernen gab, und machte mich dann gemeinsam mit einem Partner selbständig.

Ihr denkt, dass Unternehmer Finanzhaie sind, die über Leichen gehen, während ihr die Anständigen seid. Die Wahrheit ist: Unternehmer trauen sich, auf eigene Rechnung zu arbeiten. Ihr traut euch das nicht.

Ihr sitzt einigen grundlegenden Missverständnissen auf:

1. Ihr lernt, um zu arbeiten, statt zu arbeiten, um zu lernen.

Was wäre mein Traumjob? Damit fängt es an. Am Anfang eurer Berufslaufbahn würden sich folgende Fragen aufdrängen:

Wo liegen meine Talente?
Wie verdiene ich damit Geld?
Was muss ich lernen, um möglichst viel Geld damit zu verdienen?

Stattdessen fragt ihr euch:

Wo finde ich einen sicheren Job?
Was muss ich lernen, um diesen Job zu bekommen?
Was muss ich tun, um ihn möglichst lang zu behalten?

Die Frage nach euren Talenten kommt auch noch vor, aber an einer untergeordneten Stelle. Denn Selbstverwirklichung war für euch vielleicht noch in der Schule ein Thema, ab jetzt geht es um Sicherheit, Kontinuität und Prestige. Schließlich wird man erwachsen, sagt ihr euch, und Erwachsensein heißt für euch, das Hamsterrad zu akzeptieren. Ihr strebt nur noch nach einem einigermaßen angenehmen Platz darin.

Das Bildungswesen hat euch diesen Weg vorgezeichnet. Mit einem guten Grund:

> *Selbständigkeit wäre eure beste Möglichkeit, von denen, die nichts haben, zu denen, die viel haben, aufzusteigen. Aber wenn ihr das tut, strampelt ihr nicht mehr brav im Hamsterrad. Das System hat deshalb kein Interesse daran, dass ihr euch selbständig macht.*

Jungunternehmerförderungen staatlicher Stellen sind wie ein Tropfen auf den heißen Stein. Die meisten Förderungen sind dermaßen bürokratisch, dass sie Jungunternehmern bloß die Energie für ihr eigentliches Geschäftsmodell rauben.

Um euch immer schön auf dem Weg der braven Masse zu halten, bindet euch das Bildungswesen einen gewaltigen Bären auf. Ihr lernt fürs Leben, behauptet es. Aber das stimmt nicht.

> *Ihr lernt nicht fürs Leben. In Wirklichkeit lernt ihr fürs Hamsterrad.*

Einer der Beweise dafür lässt sich in den Bewerbungsunterlagen guter Sekretärinnen finden. Verblüffend oft stehen in ihren

Schulzeugnissen lauter Einsen. Denn die Schüler mit dem besten Abschluss sind jene, die dem Bildungssystem am genauesten entsprochen und es am umsichtigsten zu bedienen gelernt haben. Sie haben immer brav gelernt und zu den Lehrern artig Bitte und Danke gesagt.

Mich hingegen behandelte das Bildungssystem wie einen Punk. Mein Wunsch, Dinge zu lernen, die mich reich machen würden, machte mich zum Außenseiter. Ich hinterfragte die Lebenskonzepte, die meine Lehrer vermittelten und verlangte eine Diskussion darüber. Ich bekam zu hören, dass Erwachsenwerden etwas mit dem Aufgeben von Jugendträumereien und Illusionen zu tun habe. Als ich auf meinen eigenen Vorstellungen von Glück und Erfolg beharrte, schützte mich vor dem Rauswurf nur, dass ich ebenfalls lauter Einsen schrieb.

Sobald ihr einen Job gefunden habt, ist Lernen für euch zweitrangig. Der Satz »Lebensbegleitendes Lernen ist wichtig« ist dann nur noch eine von diesen hohlen Formeln, die mit eurer Realität eigentlich nichts zu tun haben. So wie »Wir müssen die interne Kommunikation verbessern« oder »Wir müssen die Chancen der Globalisierung nützen«. Ich arbeite auch jetzt noch nur, um zu lernen. Ich befasse mich mit einer Sache, bis ich sie verstanden habe, dann erkläre ich sie Mitarbeitern, die mir geeignet dafür erscheinen, und kümmere mich selbst um die nächste.

2. Ihr fallt auf den Entweder-Oder-Trick herein.

In meiner Branche bieten auch Angestelltenpositionen Verdienstmöglichkeiten, die mit den Gewinnen eines erfolgreichen Mittelbetriebes vergleichbar sind. Deshalb habe ich diese Angestellten-Option genau geprüft, ehe ich mich aus den genannten grundsätzlichen Überlegungen klar dagegen entschieden habe.

Ihr dagegen hinterfragt eure Angestelltenkarrieren kaum und prüft die Option der Selbständigkeit nicht ernsthaft. Ihr lasst euch mit dem Entweder-Oder-Trick hereinlegen. Auf den machte mich in den 1990er-Jahren ein Souvenirhändler bei der Londoner Tower Bridge aufmerksam. Ich beobachtete ihn eine Weile an seinem Stand. Er verkaufte Reiseführer, Stadtpläne, Andenken und Filme zu Preisen, die zwei- bis fünfmal höher als in jedem normalen Laden waren.

Schließlich erkundigte ich mich bei ihm, wie er das schaffte. »Ich frage die Leute einfach nie, ob sie den Film zu dem Preis haben wollen oder nicht«, antwortete er. »Ich frage sie nur, ob sie lieber den mit sechsunddreißig, den mit vierundzwanzig oder den mit zwölf Aufnahmen möchten.«

Er gab die Wahlmöglichkeiten vor und sorgte dafür, dass sie in jedem Fall zu seinen Gunsten ausfielen. Die Option, in einen Laden in der Stadt zu gehen und den Film dort zu einem Bruchteil des Preises zu kaufen, bot er natürlich nicht an. Genauso macht es das Bildungswesen mit euch. Es fragt euch nicht: Wollt ihr als Angestellte ins Hamsterrad, oder wollt ihr lieber selbständig sein? Vielmehr fragt es euch: Wollt ihr lieber diesen Platz im Hamsterrad oder jenen? Dabei sorgt es dafür, dass das Hamsterrad unter euresgleichen das bessere Prestige hat.

> *Wenn sich einer von euch selbständig macht*
> *und Misserfolg hat, gilt er als Versager.*
> *Wenn er es schafft, gilt er als Arschloch.*

Fragt einmal Jugendliche, ob sie Unternehmer werden wollen. Sie wollen nicht. Zu gefährlich. Zu anstrengend. Zu viel Verantwortung. Selbständige gelten unter euch zumindest als Steuerhinterzieher, die erschlichenes Vermögen auf Karibikinseln horten. Als ich mit sechzehn Jahren meine allererste Geschäftsidee identifiziert hatte – ich verkaufte damals auf einem Flohmarkt alte Skier an Osteuropäer, die über die gerade geöffneten Grenzen strömten – ging ich streng geheim vor. Obwohl das Geschäft in jeder Hinsicht sauber war, fühlte es sich wie etwas Verbotenes an.

3. Ihr findet den Mammon schnöde und Rechnen überflüssig.

Das System legt euch beharrlich nahe, dass Geld etwas Schlechtes ist, und ihr lasst euch das einreden. Der schnöde Mammon – unter euresgleichen ein geflügeltes Wort. Manche von euch fallen dermaßen auf dieses Märchen herein, dass sie einen richtigen Kult aus der Verachtung des Geldes machen. Paradoxerweise sehen ausgerechnet diese Menschen dann wie Antagonisten des Systems aus: die Hippies, die Wohlstandsverweigerer – zumindest bei einem Teil von ihnen dürfte einfach die Dosis der Indoktrinierung zu hoch gewesen sein.

Zur Sicherheit gewöhnt euch das System auch noch das Rechnen ab. Rechnen ist etwas für fantasielose Langweiler, lernt ihr, und das gebt ihr an eure Kinder weiter. Zum Beispiel wenn ihr damit prahlt, wie schlecht ihr immer in Mathematik gewesen seid. Es gehört sich in eurer Welt nicht, rechnen zu können. Nicht rechnen zu können, ist gleichbedeutend damit, kreativ zu sein. Es gibt euch eine künstlerische Note. Fürs Rechnen seid ihr euch zu gut.

> *Geld hat etwas mit Zahlen zu tun. Wer sich*
> *den Umgang mit Zahlen nicht vertraut macht,*
> *wird auch mit Geld nie umgehen können.*

Den Reichen ist eure Einstellung nur recht. Sie übernehmen gerne das Rechnen und überlassen euch das Arbeiten. Sie sind ziemlich gut darin, und es macht ihnen sogar Spaß. Sie rechnen gerne aus, wie viel sie mit euch schon verdient haben, und wie viel sie noch verdienen werden.

> *Die Drehbücher, die Wirtschaftskapitäne*
> *schreiben, bestehen aus Zahlen.*

Ihr braucht keine besondere mathematische Begabung. Für ein wirtschaftlich erfolgreiches Leben reichen simple Additionen, Subtraktionen, Multiplikationen und Divisionen. Um eure eigenen ökonomischen Drehbücher zu schreiben, müsst ihr nicht besser rechnen können, als ich beispielsweise zeichnen könnte, wenn ich es darauf anlegen würde. Ihr braucht es nicht extra zu lernen. Ihr müsst nur positiv dazu stehen und es einfach tun.

4. Ihr kümmert euch um die Geschäfte anderer Leute statt um eure eigenen.

Egal, wie weit ihr auf der Karriereleiter nach oben klettert, ihr bleibt immer Sachbearbeiter. Ihr kümmert euch um bestimmte Aspekte der Geschäfte anderer Leute. Das Geschäftsmodell, das Marktumfeld und die Eigentümerstruktur eures Arbeitgebers sind den meisten von euch ziemlich egal. Diese Dinge interessieren euch am ehesten dann, wenn es eng für euch wird, weil die Firma in Bedrängnis gerät.

Wenn ihr euch um die Angelegenheiten anderer statt um eure eigenen kümmert, entscheiden irgendwann diese anderen über den Sinn eures Lebens und nicht mehr ihr selbst. Wenn ihr euch dann hohl zu fühlen beginnt, denkt ihr wieder, dass das Leben eben so ist. Oder ihr sucht bei esoterischen Beratern nach dem verlorenen Sinn. Das bringt nichts. Euer Leben beginnt dort wieder Sinn zu machen, wo ihr euch um eure eigenen Angelegenheiten kümmert.

5. Ihr müsst immer Angst um euren Job haben.

Das liegt daran, dass ihr immer vom guten Willen jener abhängig seid, die das Sagen haben. Eure Angst, den Job zu
verlieren, ist immer da, ihr könnt nur manchmal besser und
manchmal schlechter mit ihr umgehen. Je größer eure Angst
wird, desto mehr spart ihr und desto mehr strampelt ihr.
Irgendwann traut ihr euch nicht einmal mehr, zu Hause zu
bleiben, wenn ihr krank seid. Sogar wenn ihr gerade für eure
Leistungen gelobt wurdet, ist die Angst da. Dann fragt ihr
euch: Werde ich jetzt weggelobt? Werde ich auch in Zukunft
so gute Leistungen bringen können? Zählt Leistung überhaupt? Oder komme ich damit jemandem ins Gehege?

Also trinkt ihr abends Milch mit Honig oder Beruhigungs-
tees gegen die Schlaflosigkeit. Doch eure Angst ist begründet. Während Unternehmer oftmals über mehrere Standbeine
verfügen, habt ihr als Angestellte nur eins. Verliert ihr es,
steht ihr auf der Straße und habt keine Strukturen aufgebaut, mit denen ihr Geld verdienen könnt. Gefeuert werdet
ihr meistens auch noch zum schlechtesten Zeitpunkt. Dann
nämlich, wenn gerade viele von euch gefeuert werden und es
besonders schwer ist, einen Job zu finden.

Es gibt unzählige Gründe, aus denen ihr euren Job verlieren könnt. Die Firma kann pleite gehen oder übernommen werden. Eure Stelle kann einem Restrukturierungsplan
zum Opfer oder ihr bei eurem Chef in Ungnade fallen, oder
ihr bleibt im großen Rattenrennen um seine Gunst einfach

nur deshalb auf der Strecke, weil ihr zwar immer pünktlich dagestanden und »Grüß Gott, Herr Chef« gesagt habt, ihm aber langweilig geworden seid. Wenn ihr euch gut mit eurem Chef versteht, könnt ihr gefeuert werden, weil er gefeuert wird, und er wird vielleicht gefeuert, weil sein Chef gefeuert wurde.

Das System selbst führt euch ständig vor Augen, dass eure Angst begründet ist: Wenn ein börsennotierter Konzern Mitarbeiter wie euch entlässt, steigt sein Aktienkurs. Die Fonds, in die ihr selbst investiert, setzen mit Vorliebe auf Aktien jener Firmen, die euresgleichen in großem Stil abbauen.

6. Veränderungen bedrohen euch.

Schon nach den Kündigungswellen der vergangenen Jahre sind viele Jobs keine klassischen mehr. Es gibt immer mehr freie Mitarbeiter, Teilzeitkräfte und Leiharbeiter. Allmählich sickert auch bei euch durch, dass die großen Veränderungen nicht mehr aufzuhalten sind und dass ihr mit eurer Idee vom sicheren Arbeitsplatz im wahrsten Sinne des Wortes auf verlorenem Posten kämpft.

Ihr nährt eure Illusionen vom Fortbestand der alten Arbeitswelt nur noch mit Irrtümern. Wenn ihr wegen Personaleinsparungen immer mehr Arbeit aufgehalst bekommt, glaubt ihr, dass euer Job sicherer geworden ist. Dann opfert ihr mehr von eurem Privatleben, als ich es je tun würde. Dabei stimmt ihr das Lied an, wie wichtig ihr doch für die Firma seid und wie sehr es ohne euch einfach nicht gehen würde. Wenn ihr aus dem Urlaub zurück ins Büro kommt, bedrückt es euch immer ein bisschen, dass es doch gegangen ist. Und wenn ein Kollege, der dieses Lied auch gesungen hat, plötzlich weg ist und keinem fehlt, dann seid ihr ganz verstört und versucht, auch noch seine Arbeit an euch zu reißen.

Ich bewundere Menschen nicht, die für den Job sogar ihr Wochenende opfern. Ich habe sie im Verdacht, dass sie Angst vor dem Nachdenken haben, das dann vielleicht einsetzen würde. Sie lassen ihre Kinder im Stich, verlieren ihre Freunde aus den Augen und nehmen in Kauf, dass ihre Leistungen als Folge ihrer Selbstausbeutung aus letztlich feigen Motiven immer schlechter werden.

Besserung ist nicht in Sicht. Denn der Druck wächst. Ohne Buckeln geht immer weniger, und Firmen lassen sich immer neue Instrumente einfallen, um euch auszunützen. Es gibt immer mehr Firmenregeln und Kontrollmechanismen, die den Zweck haben, euch zu überwachen und euch die Freiheit zu entziehen. Dinge wie die amerikanischen Whistleblower-Boxen, in denen, gesteuert von der Chefetage, Kollegen ihre Kollegen anschwärzen, erinnern mich zunehmend an die kommunistischen Spionagesysteme. Bloß arbeiten sie dank der inzwischen besseren Technologie viel effizienter. Damals ging es um angeblich parteischädigendes, jetzt geht es um angeblich firmenschädigendes Verhalten. Video-, Computer- und Handyüberwachung: Amerika gibt den Trend vor. Wer bei der Arbeit im Internet surft, zu viel Alkohol trinkt, seine Frau betrügt, ins Casino geht, die falschen Kleider trägt, die falsche Figur hat oder einfach nur raucht, kann gefeuert werden, weil sein Verhalten nicht den sogenannten ethischen Regeln des Unternehmens entspricht. Irgendwann wird vielleicht die Schmerzgrenze erreicht sein und irgendeine Partei wird sich Lorbeeren verdienen, indem sie all das wieder abschafft. Aber noch ist es nicht so weit.

> *So heftig, dass alle Dinge wieder so werden, wie sie früher waren, könnt ihr gar nicht im Hamsterrad strampeln.*

Selbst wenn ihr alle gleichzeitig zu eurer Strampelhöchstform auflauft, wird eure Mittelschicht-Arbeitswelt in dieser Form nicht bestehen bleiben. Im Grunde sind eure Jobs schon jetzt Nostalgie.

7. Ihr entwickelt euren Intrigensinn statt euren Geschäftssinn.

Mit zwanzig Jahren verkaufte mein Freund Alexander, der drei Jahre älter ist als ich, auf einem Trödlermarkt überflüssigen Hausrat seiner Eltern. Als er merkte, dass das Geschäft lief, sammelte er mit einem geliehenen Laster bei Verwandten und Freunden altes Zeug ein. Reich wurde er nicht damit, und ich hatte den Eindruck, dass ihm vor allem das Herumfahren mit dem Laster Spaß machte. Trotzdem bewunderte ich ihn zutiefst und war dankbar, wenn er mich ab und zu mitnahm. Eines Morgens stand ich ganz allein an dem Stand, als ein Pole ein Paar Skier kaufte, das mindestens ein Jahrzehnt in einem Keller gestanden haben musste. Der Pole war so glücklich über den Kauf, dass ich hinterher sicher war, zu wenig verlangt zu haben. Wenige Tage später dämmerte mir beim Zeitunglesen, dass gerade ein großer Markt für gebrauchte Skier entstanden sein musste: Es war das Jahr 1989, die Ostgrenzen hatten sich eben geöffnet, die Menschen von drüben wollten Ski fahren und konnten sich keine neuen Skier leisten.

Wenige Wochen später wartete ich auf meinen Vater, der in einer Baumschule Thujen für unseren Garten kaufte. Hinter der Lagerhalle einer angrenzenden Entrümpelungsfirma sah ich einen einzelnen alten Ski mit rostigen Kanten aus den Brennnesseln ragen. Ich zog daran und beförderte damit einen zweiten Ski anderen Typs zutage. Als aus der Halle ein Mann kam, hatte ich bereits festgestellt, dass unter den Brennnesseln Dutzende alter Skier lagen.

»Wie viele sind das?«, fragte ich.

»Keine Ahnung«, sagte der Mann. »Die sind alle bei Entrümpelungen angefallen. Niemand will sie.«

»Ich nehme sie«, sagte ich und wurde dabei feuerrot im Gesicht, weil ich gerade im Begriff war, die allererste Investition meines Lebens zu tätigen.

Bis dahin hatten sich Geschäfte nur in meiner Fantasie abgespielt. Der Mann zuckte mit den Schultern: »Bist du sicher, dass du dir das antun willst?« Ich tat ihm offenbar leid, andererseits war er froh, dass er den Sperrmüll loswurde. Ich bekam die Skier so gut wie geschenkt, und Alexander übernahm für eine Gewinnbeteiligung den Transport.

Zwei Wochen später stopften wir uns am Parkplatz beim Wiener Naschmarkt Geld in die Taschen, das uns von allen Seiten gereicht wurde. Wir hatten nicht einmal Zeit, die Skier zu unserem Stand zu bringen. Unsere Kunden zerrten die Ware vom Wagen, sobald wir die Bordwand geöffnet hatten. Wir hatten auch einige Kartons mit losen Bindungen sowie Skistöcke dabei, nach denen ebenfalls eine regelrechte Hysterie ausbrach. Ein Marktaufseher rief die Polizei, weil es verboten war, direkt am Parkplatz zu verkaufen. Doch als der Beamte kam, waren alle hundertdreizehn Paar Skier weg, die Bananenkartons leer und von der ganzen Sache zeugte nur noch ein einziger loser Skiteller, der orange wie eine Sommerblume im hartgetretenen Dezemberschnee lag.

»Und wie viel hast du dabei verdient?«, fragte mich mein Vater, nachdem ich ihm stolz von meinem Erfolg berichtet hatte.«

»Und wie viel hast du dafür gearbeitet?«, fragte er mich, nachdem ich ihm die Summe genannt hatte.

Danach machte er sich über mich lustig, obwohl ich meinen Gewinn über- und meinen Aufwand untertrieben hatte. Wir hatten ziemlich lang gebraucht, bis wir alle Skier von den Brennnesseln befreit und jeweils zwei gleiche mit Schnüren zusammengebunden hatten. Außerdem hatte ich den Strafzettel nicht berechnet, den wir am Ende trotzdem bekommen hatten. Das tat aber meiner Freude über die Scheine in meiner Tasche keinen Abbruch. Es war Geld, das aus einer Idee geboren worden war, nicht aus Sklavenarbeit. Es motivierte mich, weiterhin mit wachem Geschäftssinn durchs Leben zu gehen, was ich bis heute tue.

> *Ein wacher Geschäftssinn ist die*
> *Grundlage jedes Vermögens.*

Ihr vernachlässigt euren Geschäftssinn. Gelegentlich erkennt ihr eine Geschäftsidee vielleicht sogar, macht aber nichts daraus. Ihr denkt vielleicht: Das wäre doch was! Aber mehr als ein Bonmot bei einer Unterhaltung wird nie daraus.

> *Wird der Geschäftssinn vernachlässigt,*
> *schläft er irgendwann ein.*

Stattdessen entwickeln viele von euch ihren Intrigensinn, also die Instinkte dafür, wie man nach oben kriecht und nach unten tritt, wie man mit möglichst wenig Einsatz möglichst gut dasteht, wie man sich möglichst viele Privilegien verschaffen kann und wie man jene ausmanövriert, die etwas besser können.

In der Arbeitswelt von morgen wird euch der Intrigensinn aber immer weniger helfen. Je mehr die saturierte Mittelschichtgesellschaft als historischer Sonderfall verpufft und je schwächer eure sozialen Netze werden, desto mehr gewinnt der Geschäftssinn wieder an Bedeutung. Ein Freund von mir war in Russland, als der Staat gerade bankrott war. Die wesentliche Erkenntnis, die er von dort mitnahm, war, dass in so einer Phase alle ihren Geschäftssinn neu entwickeln. Die Lehrer, die keine Gehälter mehr von der öffentlichen Hand bekamen, unterrichteten nun im Austausch gegen Lebensmittel und andere Waren, die ihre Schüler von zu Hause mitbringen mussten. Alte Frauen gingen in den Wald Blumen pflücken, um in den Städten hübsche kleine Sträußchen zu verkaufen. Viele Geschäftsideen, die später einmal riesengroß wurden, sind in Krisenzeiten entstanden, weil dann der kollektive Geschäftssinn neu erwacht.

B. Wie ihr zurückschlagt

> *Angestellte können reich werden, wenn sie einen*
> *Lottogewinn oder eine Erbschaft machen. Selbständige*
> *können durch Fleiß und Kreativität reich werden.*

Geld zieht Geld an. Diese Redensart stimmt, und es gibt einen einfachen Grund dafür: Angestellte lernen vor allem Angestellte kennen, Unternehmer vor allem Unternehmer. Treffen sich Angestellte, reden sie über Kollegen und ihren Chef. Dabei entstehen Informationen, mit denen sie ihren Job absichern oder einen besseren finden können. Treffen sich Unternehmer, reden sie über Geschäfte. Dabei entsteht Geld. Unternehmer zu sein, hat ein paar pragmatische Vorteile:

1. Unternehmer haben immer mehrere Standbeine – mehrere Kunden, mehrere Geschäfte, an denen sie arbeiten, oder mehrere Produkte. Wer risikoscheu ist und lieber auf Sicherheit setzt, sollte schon deshalb Unternehmer statt Angestellter werden.

2. Unternehmer haben steuerliche Vorteile beim Aufbau von Vermögen. Als Angestellte müsst ihr euer Einkommen zuerst versteuern, und was übrig bleibt, könnt ihr investieren. Ein Unternehmer investiert zuerst und versteuert dann den Rest.

3. Unternehmer schützt die Rechtsform ihrer Firma: Ein Hund beißt einen Mann. Der Mann will den Besitzer verklagen, aber der ist eine Firma. Die Firma besitzt kein anderes Vermögen als den Hund. Als Schadenersatz könnte der Mann also nur Anspruch auf den Hund erheben, der ihn gebissen hat. Die Geschichte ist alt, aber ihr ist nichts hinzuzufügen.

4. Interne Intrigen können Unternehmern nichts anhaben. Ihnen gehört die Firma. Ihr hingegen müsst je nach Position bis zu fünfzig Prozent eurer Arbeitskraft für solche Intrigen und deren Abwehr aufwenden.

Die Möglichkeiten, ein Unternehmen zu gründen, haben sich seit Anfang der Neunzigerjahre stark verbessert. Das hat mehrere Gründe:

1. Reisen ist viel billiger geworden. Es gibt viel mehr Autobahnen, die Zugverbindungen haben sich verbessert und Flüge, die früher fast unerschwinglich waren, sind sehr günstig geworden.

2. Kommunikation ist technisch viel einfacher geworden. Telefonieren kostet fast nichts mehr.

3. Informationen sind dank des Internets viel einfacher zu beschaffen als früher.

4. Es gibt weniger Bürokratie bei der Unternehmensgründung.

5. Die Unternehmensteuern sind in den meisten Ländern gesunken. In Österreich und Deutschland ist auch die Körperschaftsteuer

in den letzten Jahren erheblich gesunken, die persönliche Einkommensteuer allerdings, wenn überhaupt, nur leicht.

6. Die Privatisierung der Kernindustrien hat die alten Erb- und Kontaktsysteme entmachtet.

7. Die Kapitalbeschaffung ist leichter geworden: Kredit oder Risikokapital bekommt, wer gut ist und ein gutes Geschäftsmodell vorweisen kann.

Selbständigkeit muss keine Entweder-Oder-Entscheidung sein. Sie ist auch in der Hybridversion möglich. Ich kenne einen Mitarbeiter der deutschen Bahn, einen ausgewiesenen Eisenbahn-Fan. Mit der Erlaubnis seiner Vorgesetzten hat er sich neben seinem sicheren Job auf den Handel mit Ersatzteilen für Nostalgiebahnen spezialisiert. Seine Einkünfte als Teilzeitunternehmer liegen meistens über seinem Angestelltengehalt.

In Wien stellte ich einmal bei der Besichtigung einer zum Verkauf stehenden Wohnung fest, dass der Verkäufer Hausmeister in der Wohnanlage war. Als ich dem schon etwas älteren Mann durch das Fenster einen Rolls Royce im Hinterhof zeigte, erzählte er mir, dass der Wagen ihm gehöre. Nachdem er mich als Autofreak erkannt hatte, zeigte er mir Fotos von seinen weiteren Fahrzeugen. Allesamt waren echte Preziosen, eins wertvoller als das andere.

Angefangen hatte alles, als eine alte Dame in der Wohnanlage gestorben war und ihre Erben das Appartement so schnell wie möglich loswerden wollten. Er kannte die Preise, hatte rasch Käufer an der Hand und erzielte für sich einen hübschen Gewinn. Von da an liefen viele Wohnungsverkäufe in der Anlage, und später in der ganzen Wohngegend, über ihn. Sein Hausmeistergehalt hätte er längst nicht mehr gebraucht. Aber er mochte den Job, und er kam durch ihn an nützliche Informationen.

Die Hybridversion der Selbständigkeit hat den Vorteil, dass ihr dadurch Dinge erproben könnt und den nächsten Schritt erst wagen müsst, wenn sie aufgehen. Besonders risikoarm ist der Versuch in Branchen, die keinen hohen Kapitaleinsatz erfordern. Das ist bei fast allen Dienstleistungen der Fall. Wer es mit Marketing-, PR- oder IT-Beratung oder zum Beispiel als Immobilienmakler versucht, braucht nicht viel Startkapital.

Auch auf dem Internet basierende Vertriebssysteme bieten zahlreiche Geschäftsmöglichkeiten. Ich kenne einige Hybridunternehmer, die neben ihrem Job via Internet Spezialprodukte wie etwa Zutaten für vietnamesische Kochrezepte anbieten und damit sehr erfolgreich sind. Wer die Möglichkeiten des Internets von Google bis Facebook und von Youtube bis MySpace richtig zu nutzen versteht, kann sich in einem Bereich, in dem er gut ist, schnell einen Namen machen.

Eure Ängste vor dem Unternehmertum sind allesamt Phantomängste. Sie sind entstanden, weil sich eure Eltern zu

Hause beim Essen immer nur über Karrierechancen, mächtige Chefs und böse Kollegen unterhalten haben, statt darüber, wie und wo man gute Geschäfte machen könnte und wer gerade mit welchem Geschäftsmodell viel verdient. Ängstlich starrt ihr auf Statistiken, die zeigen, dass die meisten neu gegründeten Firmen bald wieder pleite gehen. Dabei sind die Gründe dafür, fast immer in den gleichen fünf Fehlern zu suchen, die eigentlich leicht vermeidbar wären:

1. Unternehmensgründer überschätzen ihr Geschäftsmodell und die Bereitschaft von Banken und Investoren, Geld zu geben.

2. Unternehmer kümmern sich zu sehr ums Produkt und zu wenig um den Verkauf. McDonald's macht nicht die besten Hamburger, Starbucks nicht den besten Kaffee und Microsoft nicht die beste Software. Diese drei Firmen sind einfach die besten ihrer Branche im Verkauf ihrer Produkte.

3. Unternehmer kümmern sich zu wenig um das Finanzmanagement. Sie denken zum Beispiel nicht darüber nach, dass Kunden viel zu spät zahlen, und treffen dafür keine Vorsorge. Selbst wenn das Geschäft noch so gut läuft, droht dann die Insolvenz.

4. Wenn die Firma größer wird, muss sie in Dinge wie IT-, Personal- oder PR-Abteilungen investieren. Wer das nicht genau plant, strauchelt, weil diese Dinge Geld kosten, ohne unmittelbar Ertrag zu bringen.

5. Wenn ein Geschäftsmodell Erfolg hat, liegt die größte Gefahr darin, den Boden unter den Füßen zu verlieren. Ich habe meine Assistenten beauftragt, mich zu packen und zu schütteln, falls ich je den Eindruck erwecken sollte, dass ich arrogant werde und aufhöre, jeden Cent dreimal umzudrehen. Ich will nicht, dass es mir eines Tages wie Georg Seeh geht, der so pompös in Miami geheiratet hat und wenig später pleite war. Wenn wir uns am Anfang seiner Karriere trafen, buchten wir für ihn immer im günstigen Ibis-Hotel, weil er jeden darüber hinausgehenden Luxus unnötig fand. Auch da hatte er schon mehrere tausend Wohnungen in Las Vegas. Als es dann aber mehr als zehntausend waren, zog er plötzlich nach New York, flog im Privatjet und war öfter auf eleganten Partys zu sehen als dort, wo er seine Geschäfte machte.

Trotz der Vorteile, die das Unternehmerdasein mit sich bringt, eignet sich nicht jeder dazu. Unternehmertum fordert eine gewisse Vielseitigkeit, weil ein Unternehmer die wichtigsten Dinge nie delegieren kann. Man muss immer online sein, und man muss einerseits Geduld aufbringen können und, wenn es darauf ankommt, extrem schnell sein. Denn die meisten guten Geschäfte folgen einem Muster: Es dauert, bis sie eingefädelt sind, und am Ende geht es noch einmal ums Ganze.

Ich habe einmal eine österreichische Handelskette bei der Übernahme einer kleineren deutschen Kette der gleichen Branche beraten. Es war ein sehr komplexer Deal, bei dem meine Aufgabe unter anderem darin bestand, die Finanzierung des Kaufs zu organisieren. Sowohl der Käufer als auch der Verkäufer waren sehr schwierig. Nach langem Hin und Her kam es schließlich zu einem Termin in München, bei dem die Übernahme finalisiert werden sollte. Die Notare des Käufers und des Verkäufers waren da, ebenso der deutsche Notar der österreichischen Spezialbank, die ich für die Finanzierung an Bord geholt hatte. Obwohl im Prinzip schon alles ausgemacht war, zog sich der für zehn Uhr vormittags anberaumte Termin hin, weil beide Seiten plötzlich neue Forderungen stellten. Um Punkt fünf Uhr klappte der Notar der Bank seinen Aktenkoffer zu und meinte: »Feierabend, meine Herren. Das war's für heute.«

Wir waren damit handlungsunfähig und mir war klar, dass die Übernahme damit geplatzt war. Wenn die beiden Seiten nicht heute zueinander fanden, würden sie es nie wieder tun. So einfach wollte ich das nicht hinnehmen. Dafür hatte ich zu viele Vorarbeiten und zu viel Geduld in die Sache investiert. Also hängte ich mich ans Telefon. Ich organisierte in Wien einen Chauffeur, der den zuständigen Bankmanager zuerst zu den Privatwohnungen der beiden Bankvorstände brachte, wo er sich die notwendigen Vollmachten holte. Danach fuhr er ihn unter beharrlicher Missachtung aller Geschwindigkeitsbeschränkungen nach München. Als wir gegen 21.30 Uhr wieder handlungsfähig waren, waren alle Seiten so beeindruckt, dass sie auf den anderen Problemen auch nicht mehr herumritten. Kurz nach Mitternacht wurden die Verträge unterschrieben.

Voraussetzung für Selbständigkeit ist auch die Fähigkeit zu einer gewissen Härte.

> *Härte ist kein schlechter Charakterzug, sondern*
> *eine gute unternehmerische Eigenschaft.*

Für einen Geschäftsmann, von dem man weiß, dass er hart sein kann, bereitet man Verträge lieber gleich so vor, dass Eskalationen tunlichst vermieden werden. Wem würdet ihr eher etwas stehlen: Einem finster dreinblickenden Hünen mit zwei Bodyguards und einer Limousine mit getönten Scheiben oder einem ahnungslosen Touristen, der leicht beschwipst in einem Hawaiihemd auf einer Parkbank sitzt? Wenn ihr fünf Leute bezahlen müsst, aber nur drei bezahlen könnt, welche bezahlt ihr: Den, der nach drei Wochen eine freundliche Mahnung schickt und nach sechs Wochen höflich anruft, oder den, der persönlich auftaucht und nach Ablauf der Zahlungsfrist umgehend einen Rechtsanwalt einschaltet?

Ich hatte einmal das Handbuch einer Fluglinie über Cashflow-Management auf dem Tisch. Darin war haargenau festgehalten, welche Rechnung nach welcher Frist zu begleichen war. Bis in kleinste Detail wurde angeführt, mit welchem Verzug Öl- und Versicherungsgesellschaften, Flugzeughersteller, Lieferanten von Flugzeugteilen, Flughäfen oder die Luftraumüberwachung zu bezahlen waren. Wesentliche Lieferanten wie die großen Ölgesellschaften waren sofort zu bezahlen, leicht austauschbare teilweise mit einem halben Jahr oder noch mehr Verspätung.

Sogar die zu verwendenden Ausreden waren angeführt: Eine neue Software wurde installiert. Eine Mitarbeiterin ist erkrankt. Das Computersystem ist zusammengebrochen. Es wurde auch darauf hingewiesen, dass genau zu beachten sei, wie hartnäckig ein Gläubiger ist. Ein besonders hartnäckiger Gläubiger, der oft anrief, war früher zu bezahlen.

Ich will zu denen gehören, die auf dieser Liste ganz oben stehen. Es zahlt sich aus, hier Energie und Ideen zu investieren. Nur am Anfang war das anstrengend, als ich mir den Ruf, hart und konsequent zu sein, erst aufbauen musste. Wenn man ihn einmal hat, spart man sich allerdings neunzig Prozent aller Unannehmlichkeiten. Mein Prinzip dabei ist einfach:

*Ich selbst halte Wort. Wenn mich jemand
bescheißt, werde ich unangenehm. Das
ist eine Frage der Philosophie.*

epilog

Freiheit ist der größte Luxus.

Im Hamsterrad vergesst ihr allzu leicht, was Freiheit ist. Ihr seid zu sehr mit Strampeln beschäftigt, mit dem Tilgen eurer Schulden und damit, das zu tun, was auch alle anderen tun und was die Gesellschaft von euch erwartet. Reichtum – er bedeutet für euch vor allem Luxus: ein tolles Haus, ein tolles Auto, tolle Reisen, toll leben. Aber um diese Art von Luxus geht es nicht. Den können die Geschickten von euch auch im Hamsterrad haben. Dann hat das Hamsterrad goldene Speichen und gepolsterte Stufen, aber das macht nicht viel Unterschied. Der Zugewinn an Lebensqualität durch Luxus erschöpft sich nach oben hin ziemlich rasch: Einem Hund, der drei Knackwürste gefressen hat und satt ist, ist es ziemlich egal, wie viele er noch haben könnte.

> *Der fundamentale Vorteil, der Geld jenen bringt,*
> *die damit umgehen können, ist Freiheit.*

Luxus macht nicht glücklich, aber Freiheit tut es sehr wohl. Wer schlafen, arbeiten, essen gehen und Urlaub machen kann, ohne seinen Chef fragen zu müssen, wer wohnen und leben kann, wie er will, ohne an seinen Banker denken zu müssen, wer keinem Dresscode und keinem Zeiterfassungssystem mehr unterliegt, wird feststellen, dass diese Privilegien zusammengenommen einen wesentlichen Unterschied machen: Von hier an beginnt sich das menschliche Grundbedürfnis nach Freiheit zu erfüllen. Das verändert die Lebensqualität mehr als alles andere.

Geld berührt zudem fundamentale Fragen des Lebens. Es bestimmt auch darüber, ob ihr gesund seid, und wird das angesichts zerbröckelnder staatlicher Gesundheitssysteme in Zukunft immer mehr tun. In England gibt es bereits Studien darüber, welche Summen der Staat gewinnt, weil Menschen ohne private Zusatzversicherung früher sterben und er sich Pensionszahlungen erspart. Vom Geld hängt es auch ab, ob eure Kinder gebildet oder ungebildet sein werden, und auch dieser Trend wird sich mit dem immer stärker nach unten nivellierten öffentlichen Bildungswesen verstärken. Geld ermöglicht damit Leben und Freiheit, aber das System versucht euch das auszureden. Denn je mehr ihr glaubt, dass Freiheit am ehesten in der Besitzlosigkeit zu finden ist und Geld nicht glücklich macht, desto braver lauft ihr im Hamsterrad.

Die Anarcho-Punks denken, dass frei ist, wer nichts hat.

Ihr denkt, dass frei ist, wer so viel hat wie alle anderen.

Ich denke, dass frei ist, wer reich ist und in der Lage, seinen Lebensunterhalt aus den Erträgen seines Vermögens zu bestreiten.

Natürlich kann Geld auch das Gegenteil von Freiheit bewirken. Falsch eingesetzt potenziert es die Unfreiheit. Es gibt zwei Arten, mit Geld unglücklich zu werden:

1. Der reiche Erbe

Menschen, die große Summen erben, aber keine Ziele mehr haben, sind schlimm dran. Wenn ihre Eltern nicht durch eine geeignete Erziehung vorgesorgt haben, neigen ihre Kinder zur Abhängigkeit von Drogen und Alkohol. Ich wollte schon immer einen Aston Martin fahren und wusste, dass man sich dafür anstrengen muss. Aber wenn jemand ohnehin schon fünf Autos hat und für das nächste nur seinen Vater anrufen muss, wofür soll so jemand sich dann noch anstrengen?

2. Hans im Glück

Menschen aus niedrigen Einkommensschichten, die durch
Zufall oder eine glückliche Hand reich werden und mit dem
Geld nicht umgehen können, sind ebenso schlimm dran.
Wenn jemand drei Tage hungern musste und dann zu ei-
nem All-you-can-eat-Buffet kommt, wird er sich vermutlich
überessen, bis ihm schlecht wird. Der Hans-im-Glück-Typ
findet sich besonders leicht in der Schuldenfalle wieder. Im
Internet-Hype kamen Jungunternehmer zu gigantischen
Aktienvermögen. Sie machten sie flüssig, indem sie ihre
Aktien beliehen und für das Geld Ferraris und Yachten statt
Vermögenswerte kauften.

Als die Börsenblase platzte, standen viele von ihnen
mit einem gigantischen Schuldenberg vor dem Nichts.
Lottomillionäre, die über Geld nichts anderes wissen, als dass
man es ausgeben kann, sind jeweils nach verblüffend kur-
zer Zeit wieder an genau dem Punkt, an dem sie ursprünglich waren. Die Lotterien haben eigene Beratungsstellen
eingerichtet. Sie wollen nicht, dass sich die Botschaft he-
rumspricht, dass so ein Gewinn am Ende nur Enttäuschte
hinterlässt.

Zwischen Glück und Geld gibt es zwei unumstößliche
Zusammenhänge:

1. *Der sorgsame Umgang mit Geld führt dazu, dass es seinem Besitzer und anderen Gutes tut.*

2. *Wer mit Geld nicht umgehen kann, dem kann es nichts Gutes tun. Wer mit wenig Geld nicht umgehen kann, kann auch mit viel Geld nicht umgehen.*

Die beiden grundlegenden Wahrheiten über Geld sind:

1. *Geld lässt sich nur durch Beharrlichkeit verdienen, fast nie über Nacht, auch wenn es manchmal so aussieht. Vermögen entstehen immer als Folge eines Prozesses, bei dem jemand, der etwas gut kann, das immer wieder tut, ausbaut, verbessert und wiederholt.*

2. *Wer Geld verdienen will, muss bereit sein, gegen den Strom zu schwimmen, kreativ zu sein und sich gegen alle ökonomischen Konventionen der Mittelschicht zu stellen. Wer reich werden will, muss bereit sein, ein Investment-Punk zu sein.*

Solange ihr das nicht hören wollt, wird es wenige geben, die viel haben, und viele, die nichts haben. Solange schuftet ihr, und wir werden immer reicher.

VORSICHT VERTRAUEN

**»Vertrauen ist verantwortlich für
den Unterschied zwischen den reichsten und
den ärmsten Ländern der Welt.«**

Wir vertrauen unserer Mineralwassermarke
mehr als dem Bundespräsidenten und der Kirche.
Medien und Politikern glauben wir schon lange
nichts mehr und auf die eigene Familie wollen
wir uns auch nicht mehr so richtig verlassen.
Doch Vertrauen ist eines der Fundamente
unserer Kultur und unseres Wohlstandes.
In einer komplexer gewordenen Welt müssen
wir es neu lernen, sonst verliert die Gesellschaft
ihren Zusammenhalt.

Manfred Berger, Arne Johannsen:
Vorsicht Vertrauen
ISBN 978-3-99001-026-6
www.edition-a.at

Jetzt reinklicken!

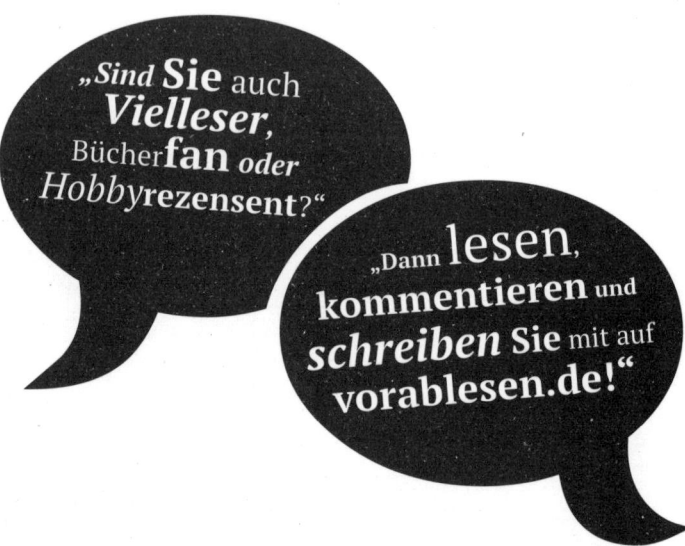

Jede Woche vorab in brandaktuelle Top-Titel
reinlesen, Leseeindruck verfassen, Kritiker werden
und eins von 100 Vorab-Exemplaren gewinnen.

vorablesen
Neue Bücher vorab lesen & rezensieren